Stephen Pielhoff
Waltraud Murauer-Ziebach
Im Hause Krupp
Die Bediensteten der Villa Hügel

Kleine Reihe Villa Hügel
herausgegeben von der
Alfried Krupp von Bohlen
und Halbach-Stiftung

T0272293

Stephen Pielhoff
Waltraud Murauer-Ziebach

Im Hause Krupp

Die Bediensteten der Villa Hügel

Kleine Reihe Villa Hügel
herausgegeben von der
Alfried Krupp von Bohlen
und Halbach-Stiftung

Deutscher
Kunstverlag

Umschlagabbildung:
Kindermädchen Anna Lackmann (links)
mit Alfried von Bohlen und Halbach,
dessen Cousine Ursula mit Kindermädchen,
1910

Gestaltung und Layout:
Hans Neudecker, Leutkirch
&form Design Studio (Überarbeitung 2024)

Bildredaktion:
Manuela Fellner-Feldhaus,
Historisches Archiv Krupp

Druck und Bindung:
Lanarepro, Lana (Südtirol)

Bibliografische Information der Deutschen Nationalbibliothek:
Die Deutsche Nationalbibliothek verzeichnet diese Publikation
in der Deutschen Nationalbibliografie; detaillierte bibliografische Daten sind im Internet über http://dnb.dnb.de abrufbar.

Dritte, überarbeitete Auflage
© 2024 Alfried Krupp von Bohlen
und Halbach-Stiftung
© 2024 Deutscher Kunstverlag
Ein Verlag der Walter de Gruyter GmbH,
Berlin/Boston
www.deutscherkunstverlag.de
www.degruyter.com
ISBN 978-3-422-80217-9

»Die Jahre, in denen ich für Herrn und Frau von Bohlen tätig sein konnte, stehen lebhaft in meiner Erinnerung, wenn auch fast schon wie ein Märchen: der Hügel in der Schönheit seiner alten Zeit.«

Eugen Börner, Angestellter, 1957

Inhalt

Zu Beginn des 20. Jahrhunderts waren mehr als 600 Bedienstete auf dem Hügel, dem Anwesen der Familie Krupp im Süden von Essen, tätig – als Kindermädchen, Gärtner, Chauffeur oder Lampenwärter, als Verwaltungsdirektor, Feuerwehrmann, Kammerzofe oder Stallknecht. Wie haben sie gelebt und zusammengelebt, wieviel haben sie verdient, waren sie zufrieden oder gab es Konflikte, wie sahen ihre Beziehungen zur ›Herrschaft‹ aus und wie standen sie da im Vergleich zu anderen Angestellten und Arbeitern ihrer Zeit? Der vorliegende vierte Band der »Kleinen Reihe Villa Hügel« widmet sich diesen Fragen und schildert die Arbeits- und Lebensverhältnisse auf dem Hügel über einen Zeitraum von rund 70 Jahren – ausführlich und anregend.

Das Historische Archiv Krupp hat eine reichhaltige Überlieferung bewahrt, die auch über die Bediensteten seit Erbauung der Villa Hügel im Jahr 1873 Auskunft gibt. Die Darstellung dieses Buches reicht bis in das Jahr 1945, soweit, wie die Villa als Wohnhaus der Familie diente und die Verbindung von Familienwohnsitz und Arbeitsplatz das Leben auf dem Hügel prägte. »Im Hause Krupp« ist damit eine der ersten Darstellungen, vielleicht die erste überhaupt, die über den Arbeitsalltag von Dienstboten in einem großbürgerlichen, äußerst vermögenden Unternehmerhaushalt vom späten 19. bis zur Mitte des 20. Jahrhunderts faktenreich und fachlich fundiert Auskunft gibt. Der Band ist daher geeignet, auch der Geschichtswissenschaft Anregungen zur weiteren Forschung zu geben.

Hierfür ist zunächst Herrn Dr. Stephen Pielhoff herzlich zu danken. Er hat intensiv im Historischen Archiv Krupp recherchiert, die komplexe Überlieferungslage durchdrungen und die hier präsentierten, in der Sozialgeschichtsschreibung weitgehend unbekannten Befunde zu Tage gefördert. Frau Waltraud Murauer-Ziebach ist dafür zu danken, dass sie auf Grundlage der Arbeit von Herrn Dr. Pielhoff die Endfassung des Manuskripts erstellt hat. Herrn Prof. Stremmel, dem Leiter des Historischen Archivs Krupp, und allen Archivmitarbeiterinnen und -mitarbeitern gebührt ebenfalls ein herzlicher Dank. Sie haben die Anregung zu diesem Buch gegeben, die Archivschränke weit geöffnet, wo erforderlich nachrecherchiert und das Bildmaterial ausgewählt – und wohl auch manches erfahren, das sie selbst noch nicht wussten. Die Gestaltung des Bandes lag einmal mehr bei Hans Neudecker, der der »Kleinen Reihe Villa Hügel« ihr unverwechselbares Gesicht gegeben hat.

Für die Köchin Katharina Fierenkothen war im Rückblick auf ihre Tätigkeit auf dem Hügel »alles schön und gut«. Die Leserinnen und Leser können sich nun selbst ein Urteil bilden. Die Alfried Krupp von Bohlen und Halbach-Stiftung hofft, ein gutes und schönes Buch vorgelegt zu haben.

Prof. Dr. Dr. h. c. Ursula Gather
Vorsitzende des Kuratoriums
der Alfried Krupp von Bohlen
und Halbach-Stiftung

Villa Hügel, um 1875

Das Haus der Krupps

Eine glanzvolle »Betriebsstätte«

»Keine Kultur ohne Dienstboten«[1] – als Heinrich von Treitschke 1874 seine Überzeugung von einer »notwendigen aristokratischen Gliederung der Gesellschaft« auf den Punkt brachte, war dies weniger Ergebnis einer sozialgeschichtlich fundierten Analyse, geschweige denn eine Aussage mit kritischem Unterton. Der national-konservative Historiker sprach nur aus, was gleichgesinnte Kreise in Adel und Bürgertum über die gesellschaftliche Ordnung im jungen Kaiserreich wohl als selbstverständlich angenommen haben.

Die Villa Hügel, 1873 im Süden von Essen erbaut und Wohnsitz der seinerzeit reichsten Unternehmerfamilie Deutschlands, schien diese besondere Sichtweise idealtypisch zu bestätigen. »Der Hügel«, untrennbar mit dem

Entwurf von Ferdinand Barchewitz für die Terrassengärten unterhalb des Wohnhauses, 1870

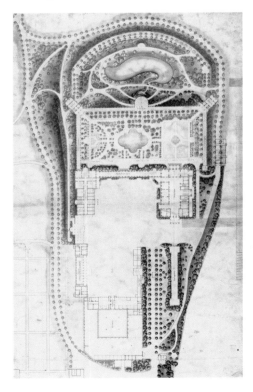

Salon, um 1916

Namen Krupp verbunden, war mehr als ein
überdimensioniertes Einfamilienhaus. Als
»spezielle Betriebsstätte«[2] diente die Villa der
Repräsentation, der Geschäftsanbahnung
und der Festigung von Beziehungen – sie war
von Anfang an ein Ort mit hoher Symbol-
kraft. Hier demonstrierte man wirtschaftlichen Erfolg und gesellschaftlichen Rang,
beeindruckte Geschäftspartner und hofierte
gesellschaftliche Würdenträger. Kaiser und
Könige mit großem Hofstaat waren auf dem
Hügel zu Gast, Politiker und Regierungschefs
aus aller Welt kamen mit umfangreichen
Delegationen. Man schmiedete Allianzen,

bahnte weitreichende Verträge an, feierte.
Und für diese gesellschaftliche Führungsrolle
benötigte man ein großes Heer von Dienern
und Kammerzofen, Stallknechten und Gärtnern, Handwerkern und Bauarbeitern. Kurz
vor Ausbruch des Ersten Weltkrieges waren
insgesamt 648 Beschäftigte auf dem Hügel
tätig.[3] Ein Großbetrieb. Und Krupp war damals, mit Aktiva in Höhe von fast 600 Millionen Mark, das mit Abstand größte deutsche
Unternehmen.[4]

Besuch des außerordentlichen Gesandten von China Chang Yiu Huan auf dem Hügel, 18. Juli 1897. Erste Reihe sitzend Bertha und Barbara Krupp, zweite Reihe sitzend rechts Margarethe Brandt, dahinter stehend Margarethe Krupp

Das vorliegende Buch geht auf die Bedeutung der Bediensteten für die Inszenierungen großindustrieller Repräsentation ein, für die die Krupp'sche Villa, der Park und der ganze Hügelbetrieb den außergewöhnlichen Rahmen boten. Es wirft aber insbesondere Streiflichter auf den Arbeitsalltag, erzählt von hügeltypischen Tätigkeiten, einzelnen Berufen und den Auswirkungen der zahlreichen Regeln und Verordnungen. Es beschreibt Hierarchien und Beziehungsstrukturen im Wandel der Zeit und auch das sehr individuell geprägte System von Entlohnung und Gratifikationen. Gesonderte Abschnitte schil-

Bedienstete der
Familie Krupp bei
der Grundsteinlegung
des Spatzenhauses,
29. März 1894

dern Aspekte aus der Zeit der beiden Welt-
kriege, skizzieren die Krankenversorgung, das
Wohnen auf dem Hügel und das Thema der
Dienstkleidung, die im Hause Krupp von so
großer Bedeutung war.

Die Darstellung schließt mit dem Jahr
1945, als der Hügel seine Funktion als Wohnsitz der Familie Krupp verlor und damit auch
die dortige ›Dienstboten-Kultur‹ zu Ende
ging. Diese war, anders als in alten Adels-
familien, nicht über Jahrhunderte gewach-
sen. Vielmehr entstand sie im 19. Jahrhundert in kaum mehr als einer Generation und
war das Ergebnis der industriellen Revolu-
tion und des unternehmerischen Geschicks
von Alfred Krupp.

Vom »Stammhaus« zur Wunschheimat

Alfreds Vater, der Kaufmann Friedrich Krupp, hatte anfangs in gutbürgerlichen Verhältnissen mitten im Essener Stadtkern gelebt. 1811 gründete er eine Gussstahlfabrik, die zur Keimzelle des späteren Weltkonzerns wurde. Seit 1824 bewohnte er mit seiner sechsköpfigen Familie ein kleines Betriebsleiterhaus auf dem Fabrikgelände im Westen von Essen. Im Erdgeschoss hatte es drei Räume und eine Küche, im Dachgeschoss zwei Schlafkammern. Noch heute wird das bescheidene Fachwerkgebäude »Stammhaus« genannt.[5]

In den 1850er-Jahren gelang Krupp der wirtschaftliche Durchbruch. Man fertigte zunehmend für die boomende Eisenbahn: Federn, Achsen und vor allem die nahtlosen Radreifen. Sie waren ein Meilenstein, eine bahnbrechende Erfindung, die Krupp sofort zum Patent anmeldete. Etwa zur gleichen Zeit

rechts: Stammhaus und Schmelzbau der Firma Krupp, um 1819 (Rekonstruktion, April 1910)

kam die lukrative Produktion von Geschützen für das preußische und andere Heere hinzu, bald darauf die Erzeugung von hochwertigem Bessemer-Stahl, die mit dem Ankauf von Hochofenwerken und Erzgruben einherging.[6]

Das Unternehmen expandierte, die Perspektiven schienen gut zu sein und so plante Alfred Krupp auch privat für die Zukunft.

1864 erwarb er ein schön gelegenes Gelände auf einem Hügel in Bredeney, südlich von Essen, mit Blick über das Ruhrtal. Im Zentrum des Geländes stand damals der gutsähnliche Klosterbuschhof – etwa dort, wo heute die Parkplätze vor der Villa Hügel liegen.

Zunächst ließ Alfred Krupp das Gebäude umbauen. Doch dabei sollte es nicht bleiben, er wollte einen großzügigen Wohnsitz schaffen, der auch folgenden Generationen den »Comfort der kleinen Häuslichkeit« bieten konnte und zugleich für eine »große Gesellschaft mit Ersten Ansprüchen« genügte.[7] Krupp kaufte Waldungen, Ackerflächen, Kotten und Höfe in der näheren Umgebung auf, um unabhängig und frei von Nachbarn zu sein. Sein neues Haus entwarf er bis ins Detail selbst. 1870 begannen die Arbeiten am Wohnhaus (»Großes Haus«) und dem damit verbundenen Logierhaus für Gäste (»Kleines Haus«), die Villa Hügel entstand. 450 Erdarbeiter, 300 Maurer und 40 Steinsäger waren zwischen 1870 und 1873 auf der Baustelle beschäftigt.[8]

Bald war all das vorhanden, was Alfred Krupp einst auf die Liste für seine ›Wunschheimat‹ geschrieben hatte, und noch einiges mehr: Wohnungen für Angestellte und Arbeiter auf dem Gelände und in der angren-

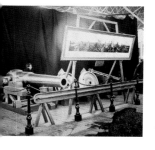

Krupp-Ausstellungsstand auf der Internationalen Kunst- und Gewerbeausstellung in Dublin, 1865

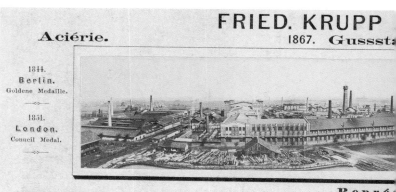

Klosterbuschhof mit
Nutzgärten, 1865

Geschäftskarte mit
einem Miniatur-
panorama der Guss-
stahlfabrik, Essen,
1867

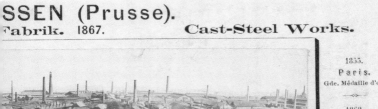

SSEN (Prusse).
Fabrik. 1867. Cast-Steel Works.

1855.
Paris.
Gde. Médaille d'or.

1862.
London.
Med. honoris causa.

ation:
. C., Maison Fried. Krupp. | à Berlin, Regenten-Strasse 10, par Mr. Carl Meyer.
mann, Neue Kalinkin-Brücke, | à Bruxelles, 20. Bd. de l'Observatoire, par Mr. Aug. Köster.
à New-York, 15. Gold Street, par Messrs. Thos. Prosser & Son.

Baustelle Villa Hügel,
26. November 1870
(Ausschnitt)

zenden Kolonie Brandenbusch, Feuerwache,
Stallungen, Wagen-Remisen, Reitbahn, Wirt-
schaftsgebäude und Werkstätten, Gärtnereien und Treibhäuser für Obst, Gemüse,
exotische Früchte und Blumen, Vorrats- und
Eiskeller, Hühnerhof und Bienenhaus, Schieß-
stand, Kegelbahn, Schlittschuhteich und ein
Lichtbad.

Mit großem Aufwand wurde der hoch-
herrschaftliche Park angelegt, mit üppigem
Baumbestand, Terrassengarten, Teichen und
Grotte. Zudem verfügte der Hügel über tech-
nische Raffinessen und Besonderheiten, wie
eine aufwendige, neuartige Heizungs- und
Belüftungsanlage im Wohnhaus und mit der
Zeit sogar ein Wasser-, ein Gas- und ein Elek-

Familie Krupp vor
dem sog. Gartenhaus,
dem Wohnhaus auf
dem Werksgelände,
1861

trizitätswerk. 1890 weihte Kaiser Wilhelm II. den Bahnhof Hügel unterhalb der Villa ein, den Krupp nicht nur für seine zahlreichen Besucher und Staatsgäste benötigte, sondern auch für seine Bediensteten.

Dass ein Anwesen mit solchen Dimensionen viel und sehr unterschiedlich qualifiziertes Personal benötigte, liegt auf der Hand. Kein Wunder also, dass es weniger wie ein Haushalt und eher wie ein Wirtschaftsunternehmen geführt werden musste.

Vier Generationen auf dem Hügel

Vier Generationen der Familie Krupp haben
auf dem Hügel gelebt. Bis 1945, also gut
sieben Jahrzehnte lang, war hier ihr Zuhause.
1873 bezog die kleine Familie des Erbauers
das neue Haus: Alfred Krupp, seine Ehefrau
Bertha (geb. Eichhoff) und der gemeinsame
Sohn Friedrich Alfred. 1882 heiratete Friedrich Alfred Krupp und bewohnte das Anwesen mit seiner Frau Margarethe (geb. Freiin
von Ende) und den beiden Töchtern Bertha
und Barbara. Nach seinem Tod 1902 erbte
Bertha Krupp eines der wichtigsten Indu-
strieunternehmen in Europa. Die attraktive
junge Frau galt als »begehrteste Partie« im
Kaiserreich, als sie 1906 den Diplomaten
Gustav von Bohlen und Halbach heiratete.
Durch einen königlich-preußischen »Na-
mensvermehrungsbrief« trug das Ehepaar
fortan den Namen »Krupp von Bohlen und
Halbach« (im Folgenden wird jedoch der

Familie Krupp in Nizza, Winter 1868/69.
Von links: Clara Bruch, Bertha Krupp, Friedrich Alfred Krupp, Hausarzt Dr. Emil Schmidt, stehend: Hauslehrer Dr. Hermann Schwengberg, Alfred Krupp, Französischlehrer Laurent

Einfachheit halber von Gustav oder Bertha Krupp gesprochen). Acht Kinder bekam das Paar. Ein Sohn starb früh, die anderen verbrachten große Teile ihrer Kindheit auf dem Hügel. Jede Generation hat das Anwesen, insbesondere die Villa, auch baulich geprägt. In den Jahren 1913 bis 1915 gaben Bertha und Gustav Krupp ihm im Wesentlichen seine heutige Gestalt. Margarethe Krupp hatte inzwischen ihren eigenen Haushalt im Kleinen Haus der Villa eingerichtet, wo sie bis zu ihrem Tod 1931 lebte.

Erst in den wirtschaftlichen Krisenjahren der frühen Weimarer Republik zog der Rentabilitätsgedanke auf dem Hügel ein. Ab Ende der 1930er-Jahre verlor die Villa Hügel zunehmend ihre Funktion als privates Wohnhaus. Bertha und Gustav Krupp zogen sich sowohl kriegs- als auch altersbedingt in ihr Refugium Schloss Blühnbach bei Salzburg zurück, ihre Kinder waren erwachsen und lebten »außer Haus«.

1943 übernahm der älteste Sohn, Alfried Krupp von Bohlen und Halbach, die Firma. Er war der letzte Krupp, der den Hügel als Wohnsitz nutzte, bis er im April 1945 von amerikanischen Truppen verhaftet wurde. Haus und Grund wurden beschlagnahmt und später zum Sitz der »Alliierten Kohlenkontrollkommission«. Die Familie erhielt den

Familie Krupp im Hotel Quisisana, Capri, Mai 1898.
Von links: Margarethe Brandt, Wilhelm Schröder, Margarethe Krupp mit Tochter Barbara, stehend: Privatsekretär Rudolf Korn, Dr. Oskar Vogt, Bertha Krupp, Friedrich Alfred Krupp

Bertha und Gustav
Krupp mit Sohn
Alfried, 1910

Familie Krupp, 1930.
Von links: Berthold,
Irmgard, Alfried,
Harald, Waldtraut,
Eckbert, Bertha,
Gustav und Claus

Hügel erst 1952 zurück und öffnete ein Jahr danach Haus und Park für die Öffentlichkeit. Große Kunstausstellungen zeigten historische Schätze oder warfen Schlaglichter auf ferne Kulturen, und immer noch wurden hier globale Wirtschaftskontakte gepflegt, Staatsoberhäupter aus Ost und West empfangen.

Heute ist das gesamte Areal Eigentum und Sitz der gemeinnützigen Alfried Krupp von Bohlen und Halbach-Stiftung, die den Erhalt und den Fortbestand der Villa Hügel sichert. In den Räumen des »Kleinen Hauses« befinden sich die Historische Ausstellung Krupp und das Historische Archiv Krupp. Als ältestes Wirtschaftsarchiv Deutschlands verfügt es über umfangreiche Schriftbestände und einzigartige Sammlungen von historischen Industriefotografien und -filmen. Im »Großen Haus« finden Wechselausstellungen und Konzerte statt. Im Rahmen ihrer Tätigkeit verleiht die Krupp-Stiftung hier Förderpreise oder veranstaltet Treffen von Stipendiaten. Die Villa Hügel gehört heute zu den meistbesuchten Ausflugszielen der Region. Nach wie vor ist der geschichtsträchtige Ort ein Symbol für den »Mythos Krupp« – mit allen Licht- und Schattenseiten.

Plakat zur ersten Ausstellung in der Villa Hügel, 1953

Die Familie Krupp war ein besonderer Arbeitgeber, und der Hügel ist kaum mit einem »normalen« bürgerlichen Haushalt vergleichbar. Allein die Zahl der Beschäftigten, meist waren es mehrere hundert, machen den fundamentalen Unterschied zur Dienstbotenkultur des Bürgertums deutlich. Dort wohnte die Familie normalerweise auf überschaubarem Raum mit einem Dienstmädchen oder wenigen Bediensteten zusammen. Forschungsergebnisse zur Dienstbotengeschichte im 19. und frühen 20. Jahrhundert lassen sich daher nur sehr begrenzt auf den Hügel anwenden.[9] Der Luxus eines so riesigen Hausangestelltenapparats ist eher vergleichbar mit der Lebensweise einer internationalen, bürgerlich-adeligen Oberschicht. Vermutlich haben die Rothschilds in England und Frankreich oder die Rockefellers in den USA mindestens einen ähnlich großen Aufwand betrieben wie Krupp. Über die Bedienstetenkultur dieser superreichen Wirtschaftseliten weiß die historische Forschung freilich so gut wie nichts.

Als Stoff literarischer Gestaltung hingegen sind die Beziehungsgeschichten zwischen Herrschaft und Dienerschaft schon immer interessant gewesen – von Carlo Gol-

»Senta mit Fohlen«,
1942

Kindermädchen mit
Bertha und Barbara
Krupp, 1898

Alfried von Bohlen
und Halbach zu Pferd,
März 1910

Hunde der Familie
Krupp, rechts:
Irmgard von Bohlen
und Halbach,
Dezember 1931

donis Lustspiel »Der Diener zweier Herren«
aus dem Jahr 1746 über Robert Walsers
Angestelltenroman »Der Gehülfe« von 1908
bis zu Ivy Compton-Burnetts bitterbösem
Roman »Manservant and Maidservant« aus
dem Jahr 1947, der 1992 unter dem spre-
chenden Titel »Diener und Bediente« auf
Deutsch erschien. TV-Serien wie »Das Haus
am Eaton Place« und »Downton Abbey«
haben die Thematik erfolgreich aufgegriffen.
Dieses »Upstairs-Downstairs-Genre« insze-
niert Parallelwelten, in denen geliebt und
gelitten, intrigiert und Zusammenhalt ge-
übt wird. Besonders interessant sind dabei
natürlich die Berührungspunkte in den
Beziehungen zwischen »oben« und »unten«,
die Geschichten verbotener, weil klassen-
übergreifender Sexualität zwischen Hausherr
und Dienstmagd, Lady und Wildhüter, Adels-
tochter und Chauffeur. Das vorliegende
Werk jedoch ist kein Drehbuch; pikante Ent-
hüllungen dieser Art sind nicht zu erwarten.
Überhaupt scheint es zur Geschichte der
Hügel-Bediensteten zu gehören, dass es
keine Indiskretionen gab, jedenfalls soweit
man dies aus den Quellen weiß. Diskretion
galt als die wichtigste Eigenschaft guten
Hauspersonals, Klatschsucht dagegen als ver-
nichtendes Urteil für zukünftige Arbeitgeber.

Wichtigste Grundlage dieses Buches ist die außergewöhnlich gute und dichte Überlieferung im Historischen Archiv Krupp. Hunderte von Akten und Fotografien beleuchten das facettenreiche Thema der Arbeits- und Lebenswelt auf dem Hügel. Ein Quellenschatz, der diese Veröffentlichung überhaupt erst ermöglicht hat, und nur andeutungsweise gehoben und ausgewertet werden konnte. Erstmals gelingt damit ein detaillierter Blick hinter die Kulissen eines großbürgerlichen Haushalts im Industriezeitalter, der deutlich über die Beschreibung von Einzelfällen hinausweist.

Im ersten Hauptteil geht es um den Arbeitsalltag der Beschäftigten und um die Organisation des »Gemeinwesens« auf dem Hügel, aber auch um die Lebenswelt der Menschen, ihre Wohnsituation und ihre Freizeitgestaltung. Der folgende Teil des Buches widmet sich dem vielschichtigen Beziehungsgeflecht zwischen der Familie Krupp und den Bediensteten. Diese Beziehungen folgten nie nur einer Logik: Auf der einen Seite stand der Arbeitsvertrag, das rechtlich geregelte und von beiden Seiten kündbare Verhältnis zwischen Arbeitgeber und Arbeit-

Bertha Krupp (links) zu Besuch bei der Familie des ehemaligen Hügel-Verwalters Richard Röhn, 1887

nehmer. In diesem rationalen Bereich ging es vor allem um Gehälter, Löhne und Sachleistungen. Krupp zahlte in der Regel überdurchschnittlich gut, und das war die erste und wichtigste Voraussetzung für die Loyalität zur Familie und die Identifikation mit dem Hügel. Auf der anderen Seite stand die paternalistische Bindung zwischen Dienstherr und Bediensteten. Paternalismus meint ein System, in dem die Herrschaft für sich in Anspruch nimmt, »wie ein Vater« für das Wohl der Beschäftigten zu sorgen und ihnen Sicherheit und soziale Leistungen zu bieten, in dem sie andererseits aber auch Gegenleistungen wie Disziplin, Loyalität und Fleiß einfordert.

Paternalismus war ein gelebtes Ideal, eine auf Gegenseitigkeit beruhende Tauschbeziehung und nicht selten die tragfähige Basis lebenslanger Verbindungen zwischen sozial sehr ungleichen Partnern. Insbesondere auf dem Hügel bedeutete das Vertrauen, Anerkennung, Treue, Diskretion, Ehrerbietung, Dankbarkeit auf der einen, Fürsorge, Schutz und Gnade auf der anderen Seite. Insofern bezeichnet Paternalismus ein konservatives Prinzip, eine stillschweigend geteilte und selbstverständliche Wertgewissheit. Unternehmer verfolgten damit sowohl karitative als auch wirtschaftliche Interessen. Aber natürlich existierten auf dem Hügel nicht nur »heile« Arbeitswelten, immer wieder kam es zu Beziehungsstörungen, Interessenkonflikten und Verstößen gegen die Ordnung, von denen dieses Buch beispielhaft berichtet. Ein eigener Abschnitt beschäftigt sich mit den Auswirkungen des Ersten und Zweiten Weltkrieges auf den Hügel.

Der letzte Teil des Bandes fragt nach der Bedeutung der Bediensteten für die glanzvolle Krupp'sche Repräsentationskultur. Auch sie wäre ohne die Beschäftigten undenkbar gewesen. Doch zu Beginn wird es um die vielfältigen Beschäftigungsfelder gehen, deren Veränderungen nicht zuletzt Spiegel der politischen Verhältnisse und des gesellschaftlichen Wandels sind.

Zahlungsbeleg für Richard Röhn, 1886

Hausmädchen auf »Schloss Hügel«,
Frühjahr 1923

Der Hügel –
Arbeitswelt und Lebenswelt

Übersichtsplan der Besitzung Hügel, 1919. Die heutige Grundstücksgrenze ist schwarz gestrichelt markiert, der damalige »innere Hügelpark« rot gepunktet

Ein Wohnsitz als Großbetrieb

Bildpostkarte zur Vermählung von Bertha Krupp und Gustav von Bohlen und Halbach am 15. Oktober 1906

Was für ein Anwesen! Schon die Größe des hoch über dem Ruhrtal gelegenen Areals war beeindruckend: 243,5 Hektar umfasste der Grundbesitz 1908. Zum Vergleich: Die zentrale Essener Grünanlage, der Grugapark, hat heute gerade einmal 70 Hektar. Allein die Länge der befestigten Fahrstraßen des Krupp'schen Familiensitzes betrug geschätzt zehn Kilometer, die zahllosen Park-, Wald-, Reit- und Radfahrwege nicht mitgerechnet.

Es war die Zeit der dritten Generation auf dem Hügel: Bertha Krupp, die Enkelin des Erbauers, und ihr Ehemann Gustav richteten sich in der Villa ein. 1907 war ihr erster Sohn, Alfried, zur Welt gekommen. Die »jungen Herrschaften« planten ihre Zukunft auf dem Hügel, und dazu gehörte auch ein Überblick zum benötigten Personal, denn allein die Villa mit ihren 399 Räumen und mehr als 11.000 m² Wohn- und Nutzfläche stellte eine außergewöhnliche Herausforderung dar. Insgesamt 80 Gebäude listete der Hügelverwalter Karl Bernsau damals in einem detaillierten Gutachten zum Personalbedarf auf.[10] Der Mann kannte den Ort wie kaum ein anderer; seit 1895 bekleidete er die verantwortungsvolle Position des ersten Direktors auf dem Hügel: eine Position, auf der Organisationstalent und Führungsqualität gefordert waren.

Berthas Eltern, Friedrich Alfred und Margarethe Krupp, hatten höchste Ansprüche an eine »stets tadellose« Pflege des repräsentativen Besitzes und beschäftigten dazu allein in der Bauverwaltung 184 Arbeiter

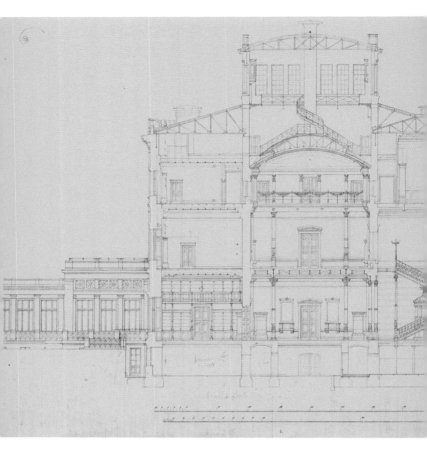

Villa Hügel,
Querschnitt durch
das Große Haus,
1878

und Handwerker. Auch die Gärtnerei war personalintensiv: Im Sommer, so rechneten die Obergärtner, gebe es Bedarf für etwa 174 Arbeiter, nur im Winter würde ein fester Stamm von 137 Mitarbeitern ausreichen.

Bernsaus Resümee: Um den Qualitätsstandard auf dem Hügel zu halten, würden mindestens 327 Arbeiter benötigt. Diese Anzahl verstand er ausdrücklich als Sparvorschlag für die »stille Zeit«, also wenn keine Neu- und Umbauten im Gange waren. Hinzu kamen noch die leitenden »Beamten« – Verwalter, Haus- und Stallmeister, Obergärtner,

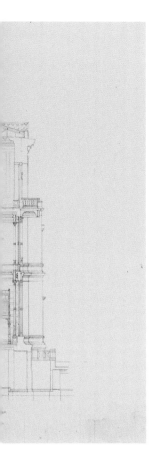

Architekt und Bauführer –, diverse Angestellte sowie das gesamte Haus-, Büro- und Stallpersonal. Tatsächlich waren 1907 mehr als 600 Menschen auf dem Hügel beschäftigt.[11]

Der Hügel war von Anfang an ein wichtiger und funktionaler Bestandteil des Unternehmens Krupp – ein Imagefaktor. 1876, drei Jahre nach dem Einzug der Familie in das neu erbaute Wohnhaus, waren 66 Menschen dauerhaft auf dem Hügel beschäftigt, hinzu kam eine große Zahl von Bauarbeitern und Tagelöhnern.[12] Schon 1902 wurden 570 Mitarbeiter für die Bewirtschaftung benötigt, und zu Beginn des Ersten Weltkrieges waren sogar 648 Menschen in Lohn und Brot.[13] Doch der Krieg markierte eine tiefe Zäsur, und in den Krisenjahren nach 1918 erfolgte ein deutlicher Stellenabbau. Obwohl sich Gustav Krupp bemühte, langjähriges Personal durch Stellenwechsel auf dem Hügel zu halten oder zur Fabrik zu überweisen, wurden viele vorzeitig pensioniert oder entlassen. Im Dezember 1927 war der Tiefpunkt mit »nur noch« 123 Hügelbeschäftigen erreicht.[14] Die Einsparungen trafen vor allem die personalintensiven Bereiche wie die Gärtnereien und die Bauverwaltung. Haus und Verwaltung blieben weitgehend verschont, denn es galt, den Repräsentationsort der Firma zu sichern.

Arbeiter mit dem Baumpflanzwagen, um 1900 (Ausschnitt). Bereits Alfred Krupp ließ einen Baumtransportwagen bauen

Die Zeiten des Großbetriebs Hügel waren allerdings endgültig vorbei. Lediglich in den mittleren 1930er-Jahren stieg die Zahl der Beschäftigten noch einmal leicht an, und am Ende des Zweiten Weltkrieges gehörten immerhin noch 96 Männer und Frauen zum Hügelpersonal.[15]

Stets zu Diensten

Man war schon wer, wenn man auf dem Hügel arbeitete – die Aura der Villa, der Umgang mit der einflussreichen Unternehmerfamilie und deren Nähe zum Kaiserhaus, das gute bis sehr gute Salär usw. usw. Und neben dem Lohn wurden Sach- und Sozialleistungen, teils fürstliche Trinkgelder von den Gästen, manchmal Geschenke und sogar Orden und Auszeichnungen ausgeteilt. Altgediente bekamen Urlaub, was im Kaiserreich nicht selbstverständlich war, und zusätzlich zur staatlichen Altersversicherung gab es eine Pensionskasse.[16] Eine Anstellung bei den ›Herrschaften‹ auf dem Hügel war also ein Glücksfall, die Entlassung oft ein Absturz. Wer hier Dienst tat, musste einwandfreie Referenzen haben. Gern genommen wurden die, deren Eltern bereits bei Krupp gearbeitet hatten. Und so wurden bei den ›Hügelanern‹ nicht selten Rechte und Pflichten von Generation zu Generation weitergegeben –

Dienstzeugnis für ein Hausmädchen, ausgestellt von Hausmeister Theodor Herms, 1925

36

›Diener-Dynastien‹ entstanden. Allerdings
gehörten zu den Grundvoraussetzungen für
eine Anstellung Eigenschaften wie »Red-
lichkeit, Pünktlichkeit, Gehorsam, Bescheidenheit, Reinlichkeit und Ordnungssinn«.[17]
Besonders wichtig: Verschwiegenheit.
Schwatzhaftigkeit hätte nicht nur dem Ansehen der Familie Krupp geschadet, sondern
auch dem Geschäft.

In der Villa Hügel herrschte ein strenges
Regiment. Als Fabrikherren waren die Krupps
daran gewöhnt, ihren Alltag diszipliniert und
bis ins kleinste Detail zu regeln. »... das war
alles auf die Minute und auf's Schnürchen
eingerichtet, nichts durfte schief gehen«,[18]
erinnerte sich die ehemalige Hauslehrerin
Charlotte von Trotha. Alfred Krupp selbst ver-
anlasste 1882 eine präzise Hausordnung.
Sie gab die Arbeitsteilung vor, ordnete Be-
fehlsstränge und zählte Pflichten auf. Fragen
und Befehle sollten kurz und knapp beant-
wortet, falsche Vertraulichkeiten unterlassen
werden. »Engere Bekanntschaftsverhält-
nisse im Hause« waren gänzlich unerwünscht
und ein Grund für die fristlose Kündigung.
»Streitigkeiten, Klatsch und Verleumdung«
wurden schlicht verboten.[19]

Aus einem privaten
Fotoalbum der Familie
Krupp, Juli 1897

unten: Papiersiegel
der Hügelverwaltung,
um 1910

Chef auf dem Hügel

Das »Unternehmen Hügel« musste möglichst
geräuschlos funktionieren, also störungs-
frei, unauffällig und immer im Sinne der
jeweiligen Herrschaften. Dafür war vor allem
der Direktor der Hügelverwaltung verantwortlich, ein Mann, der an der Spitze der
Befehlskette stand und die täglichen Herausforderungen dieses ungewöhnlichen Großbetriebes meistern musste. Bereits 1877 wurde in der »Verwaltungs-Instruction für die
Haus- und Gutsverwaltung auf Hügel« fest-

gelegt, dass er für alle »dienstlichen Handlungen seiner Untergebenen« verantwortlich war.[20] Schon Jahre vor dem Bau der Villa hatte Alfred Krupp über die »Viel-Herrschaft« in seiner »Haus- und Hofhaltung« geklagt, »wo neben dem Hausmeister der Gärtner, der Stallmeister, der Verwalter Jeder für sich dominieren wollte und direct von mir die Ordres erwartete.« [21]

Welche Voraussetzungen musste ein Hügel-Direktor mitbringen? Ohne Zweifel hohe Führungskompetenz und ein feines Gespür für die Balance zwischen Nähe und Distanz, Strenge und Nachsicht. Als erster Repräsentant des Hügels war er natürlich wie alle anderen leitenden Angestellten verpflichtet, »stets einen tadellosen, seiner Stellung angemessenen Lebenswandel« zu führen und gegen jedermann auf »ein anständiges und gefälliges Benehmen« zu achten. Darüber hinaus verlangte Krupp – dem man durchaus Kontrollwut nachsagte – im Umgang mit dem Personal »genaue Kenntnis der einzelnen Personen nach ihren Intentionen, ihrer Befähigung, ihrem Fleiß und Eifer«. Er legte größten Wert auf absolute Diskretion nach außen und »weise Sparsamkeit in Ver-

Im Interesse der Geschäftsvereinfachung, und um Irrungen und Missverständnissen zu begegnen, ersuche ich Sie ergebenst, die ganze Correspondenz einschliesslich der Versendung der Facturen, Preisnotirungen, Waaren etc., welche durch Ihre Geschäftsvertretung für den Privathaushalt des Geheimen Commercien-Raths, Herrn Alfred Krupp veranlasst wird, ausschliesslich an die Adresse

„Verwaltung Hügel"

Krupp'sche Gussstahlfabrik

Essen a. d. Ruhr"

richten an wollen. Eine Ausnahme hievon bilden selbstredend directe Bestellungen des Herrn Krupp und seiner Familienangehörigen, welche auch künftig direct erledigt werden wollen.

Essen — Bredeney, 1. März 1881.

Circular der
Verwaltung Hügel,
1. März 1881

rechts: Hügel-
Verwalter
Karl Bernsau,
Winter 1896

Villa Hügel mit
Reitanlage,
Stallungen und
Nebengebäuden,
um 1930

wendung von Arbeit und Material«. Und vor
allem: »Der Verwalter soll stets im Dienste
sein«.[22] Diese grundlegenden Werte hatten
sieben Jahrzehnte lang Bestand, trotz aller
politischen Veränderungen und vieler Struk-
turreformen, die die Hügelverwaltung bis
zum Ende des Zweiten Weltkrieges erlebte.
Vom ersten Verwalter auf dem Hügel, Beck,
kennt man nicht einmal den Vornamen. Sein
Nachfolger Richard Röhn schied 1882 im
Unfrieden. Ihm folgte Franz Wegener. Vor
seinem Wechsel nach Essen war er als Rent-
meister auf einer Domäne in Uffeln bei Werl
für die finanziellen Belange des Gutsbetriebs
zuständig gewesen. Als besondere Aufgabe
erwartete man von ihm, dass er »Meinungs-
verschiedenheit und Conflicte zwischen
den ihm untergebenen Beamten« schlichten
könne.[23] Ein recht deutlicher Hinweis darauf,
dass Kompetenzgerangel auf dem Hügel zum
Alltag gehörte.

Wie wohl kein anderer Angestellter hat
dann Wegeners Nachfolger Karl Bernsau die
Geschichte des Hügels mitgestaltet. 31 Jahre
lang stand er im Dienst der Familie Krupp.
Der Sohn eines Gutsbesitzers war zuletzt
Bürgermeister von Dinslaken gewesen. Als er

39

1894 seinen Vertrag bei Krupp unterschrieb, brachte der erst 33-Jährige bereits zehn Jahre Erfahrung als Verwaltungsmann und Kommunalpolitiker mit. Sein Einstiegsgehalt auf dem Hügel betrug 7.000 Mark im Jahr, damit verdiente er fast das Sechsfache eines normalen Krupp'schen Arbeiters. Zusätzlich wurde ihm eine der hohen Position angemessene Wohnung gestellt. Als Bernsau 1927 pensioniert wurde, hatte er sowohl die Blütezeit des Hügels vor 1914 als auch die schwierigen Jahre des Stellenabbaus Anfang der 1920er-Jahre entscheidend geprägt.

Auf Bernsau folgte Ernst Lintz. Der damals 45-Jährige hatte auf der Krupp'schen Germaniawerft in Kiel den Posten eines Abteilungsdirektors mit Prokura bekleidet. Doch man machte ihn dort für wirtschaftliche Misserfolge verantwortlich, und Gustav Krupp bot Lintz die Leitung der Hügelverwaltung an, allerdings verbunden mit einer Gehaltskürzung um ein Drittel. Lintz betrachtete diesen Wechsel als Rückschritt und verband ihn Zeit seines Lebens mit der beruflichen Niederlage in Kiel. Er starb 1938 nach elf Jahren auf dem Hügel.

Sein Nachfolger Curt Unger war ehemaliger Oberst der Essener Schutzpolizei und hatte zuvor bereits als Leiter der Krupp'schen Jagden gearbeitet. 1938 übernahm der 57-Jährige die Leitung der Krupp von Bohlen und Halbachschen Hauptverwaltung. Er war wie schon sein Vorgänger Lintz ein bekennender Nationalsozialist.

Hausmeister, Hausordnung, Hierarchie

Briefkopf, um 1896

oben: Friedrich Alfred
Krupp (3) mit leiten-
den Angestellten,
u.a. Adolf Lauter (1),
Fritz Asthöwer (2),
Hausmeister Theodor
Herms (4), um 1890
(Ausschnitt)

Direkt unter dem Direktor stand an der Spitze
der Hügel-Hierarchie der Hausmeister. Seinen
Anordnungen durfte sich niemand widerset-
zen. Wie alle anderen »Wirtschaftsvorstände«
hatte auch er »über die Einnahmen, Ausgaben und Bestände an Naturalien und Mate-
rialien« Rechnung zu führen.[24] Dazu kam die
»Beaufsichtigung des Hausdienstpersonals,
Sorge für fortwährende Beschäftigung des-
selben, Verhütung von Veruntreuung, Nach-
lässigkeit oder Unordnungen«, außerdem die
sparsame Verwendung der Essensvorräte »besonders in Bezug auf den Dienstboten-Tisch«.
Von großer Wichtigkeit waren die reibungslose Organisation des Besuchswesens und
die perfekte Betreuung hochrangiger Gäste.
Ihnen wies der Hausmeister die Logierzimmer
zu, fragte nach besonderen Wünschen und
teilte dem Gast – falls erforderlich – persön-

liches Personal zu. Die stilprägende Figur auf dieser Position war Theodor Herms, der 1923 sein 40-jähriges Dienstjubiläum feierte. Friedrich Alfred und Margarethe Krupp leisteten sich zudem einen »Reisekurier«, der, wenn sie unterwegs waren, alles Nötige organisierte. War er auf dem Hügel anwesend, übernahm der Reisekurier die Aufgaben eines stellvertretenden Hausmeisters.

Zum leitenden Hauspersonal gehörten darüber hinaus der erste Koch und die »Küchen-Haushälterin«, die man später Hauswirtschafterin nannte. Sie kümmerte sich u.a. um den Kaffee- und Teeservice, um die »Reinlichkeit und Ordnung« im Souterrain und hatte die »Kontrolle über Sittlichkeit und Pflichterfüllung« des Küchenpersonals.[25] Für die Hausmädchen war die »Zimmer-Haushälterin« verantwortlich, für die »Bügel- und

Salz- und Pfeffer-Gefäß, KPM-Porzellan der Familie Krupp

Küche im Souterrain des Großen Hauses

Waschmädchen« die »Weißzeughaushälterin«. Unterschieden wurde zwischen »Service-Dienern«, die vor allem bei den Mahlzeiten servierten, Porzellangeschirr und Silberbesteck pflegten, und »Hausdienern«, die insbesondere für die Räume und die Gasbeleuchtung zuständig waren. Über ihnen standen der »erste Diener« sowie die persönlichen Kammerdiener und -zofen der Herrschaft. Bei aller Hierarchie sollte das Hauswesen auf dem Hügel doch stets von Harmonie geprägt sein. Ein verständlicher Wunsch, wenngleich

Schränke in der
Leinenkammer der
Villa Hügel

nicht immer realistisch, wie manch akten-
kundiger Vorfall im Folgenden noch zeigen
wird.

In der Essener Industrieprovinz mag es
anfangs nicht ganz leicht gewesen sein, erst-
klassiges Personal zu finden. Viele der Diener
kamen aus Arbeiterquartieren oder von
Bauernhöfen in der Umgebung. Die Regeln
gehobener Lebensart mussten sie erst erlernen. Jedenfalls sah sich Alfred Krupp noch
gezwungen, »lautes Singen, Pfeifen, Schreien,
Zanken, Rauchen in den Betten« ausdrücklich
zu verbieten.[26] Zwei Hügel-Generationen
später achteten Gustav und Bertha Krupp bei
der Einstellung bereits auf beste Referenzen
oder zahlten selbst für die Ausbildung an
einer Dienerfachschule. Eine gut ausgebildete
und vornehme Dienerschaft repräsentierte
schließlich auch den guten Geschmack und
die finanziellen Möglichkeiten der Herrschaft.

Auffällig viele Diener arbeiteten fast ihr
gesamtes Berufsleben auf dem Hügel: Friedrich Hirschfeld hatte 1882 bei Alfred Krupp
begonnen, unter seinem Sohn Friedrich
Alfred Krupp stieg er zum »Ersten Diener«
auf. Als dessen Frau Margarethe sich nach
dem Generationswechsel auf dem Hügel ins

»Kleine Haus« zurückzog, wurde Hirschfeld dort Hausmeister. Mitte der 1920er-Jahre wechselten drei andere Diener zur Hügel-Feuerwehr und wurden so vor der Arbeitslosigkeit bewahrt. Manch einer tat auch nach über vierzig Arbeitsjahren noch als Rentner Dienst auf dem Hügel, zum Beispiel als Torwärter oder Wächter. Die tägliche Nähe zur Familie Krupp war wohl der ausschlaggebende Grund dafür, dass diese Bediensteten auch in wirtschaftlichen Krisenzeiten und

Besteckfächer im Servierraum neben dem Speisesaal der Villa Hügel (Ausschnitt)

bis in ihr Rentenalter auf dem Hügel gehalten wurden. Sie verstanden sich als echte »Hügelaner« und identifizierten sich stärker als andere Beschäftigte mit dem Ort und der Familie.

Dabei mussten die Bediensteten durchaus mobil sein. Die Familie Krupp war häufig unterwegs, lebte keineswegs nur in Essen. Man hielt sich im Jagdschloss Sayneck am Mittelrhein auf, fuhr in die Villa Meineck nach Baden-Baden, wohnte besuchsweise im Haus der Berliner Krupp-Repräsentanz und verbrachte zuletzt immer mehr Zeit auf Schloss Blühnbach im Salzburger Land. Natürlich war auch vor Ort Personal vorhanden, doch gerade persönliche Diener oder Kindermädchen reisten mit.

Privatsekretariat und Hügelbüro

Akte aus dem Sekretariat von Friedrich Alfred Krupp

oben:
Privatsekretär Rudolf Korn (rechts) mit Friedrich Alfred Krupp an Bord der Puritan, Juni 1901

Das galt auch für die Privatsekretäre, die es neben dem Sekretariat der Hügelverwaltung gab. Franz Otto Müller hieß der wohl erste persönliche Sekretär, er wurde für den damals 20-jährigen Friedrich Alfred Krupp eingestellt. In den 1890er-Jahren mehrten sich die Aufgaben und so kam zuerst Jurist Rudolf Korn hinzu, später Otto Marotz, aus dem Kabinett von Kaiserin Auguste Viktoria. Zu Korn und Marotz entwickelte Friedrich Alfred Krupp anscheinend echtes Vertrauen. Als »Fra Rodolfo« (Korn) und »Fra Ottone« (Marotz) waren die beiden Männer Mitglieder seiner »Bruderschaft« auf Capri. Auf der Insel hielt der Firmenchef sich in seinen letzten Lebensjahren oft und lange auf, so dass Sekretär Franz Otto Müller aus technischen Gründen von Rom aus für die telegrafische Verbindung zwischen Capri und der Villa Hügel sorgen musste.

Unter Gustav Krupp scheinen die Beziehungen zum Sekretariat nüchterner und die Ansprüche höher gewesen zu sein: Niemand habe so oft Überstunden machen müssen, an

Sekretärin
Elisabeth Bachner
in Blühnbach,
um 1932

Sonn- und Feiertagen gearbeitet oder auf Urlaub verzichtet wie die Privatsekretäre – meinte rückblickend Hermann Schuppener.[27] Er war Anfang 1907 auf Empfehlung des Hügel-Direktors Karl Bernsau als zweiter Privatsekretär zu Gustav Krupp gekommen. Sein Kollege Eugen Börner wechselte 1913 von der Fabrikverwaltung zum Privatbüro auf den Hügel und stieg später zum Bürovorsteher in der Hügelverwaltung auf. Die beiden fast gleichaltrigen Männer – Jahrgang 1880 bzw. 1882 – wurden erst Mitte der 1940er-Jahre pensioniert und waren mit 41 und 37 Dienstjahren typische »Hügelaner«, die sich auch noch als Rentner mit diesem Ort identifizierten. Zudem repräsentierten sie die letzte Generation männlicher Sekretäre. Börner wurde 1929 durch Elisabeth Bachner ersetzt, ihr folgten weitere Sekretärinnen – die Position war endgültig zum Frauenberuf geworden.

Antrag Hermann
Schuppeners auf
Pensionierung mit
Anmerkung von
Gustav Krupp,
14. Januar 1944

Auf dem Hügel lebten auch Selbstständige, die mehr oder weniger gut von Krupps Protektion lebten. Ein Beispiel ist Bootshauswirt Ludger Führkötter: 1877 hatte er als Diener angefangen, war in den letzten sieben Lebensjahren Alfred Krupps dessen persönlicher Kammerdiener gewesen und wagte 1890 den Schritt in die Selbstständigkeit.[28] Führkötter übernahm die Verwaltung der Bierhalle am Fuß des Hügels (heute Parkhaus Hügel), pachtete später die Bootshaus-Restauration hinzu und übernahm die Ober-

Gaststätte Hügel, um 1925

aufsicht der Sportanlagen an der Ruhr. Mit diesen drei Standbeinen verdiente er um 1904 rund 4.350 Mark im Jahr und hatte freie Wohnung auf dem Hügel. Im Gehaltsgefüge entsprach sein Jahreseinkommen den Einkünften eines leitenden Angestellten der Hügelverwaltung. Nach dem Tod von Alfred Krupp erhielt Führkötter von dessen Sohn Friedrich Alfred 10.000 Mark geschenkt: »in Dankbarkeit für seine dem Entschlafenen

»Haarschneiden!«,
Juni 1892

geleisteten treuen Dienste«.[29] Heute entspräche das einer Kaufkraft von etwa 61.000 Euro. Mit anderen Worten: Führkötter war ein gemachter Mann, doch Anfang der 1930er-Jahre stand er mit 21.000 Reichsmark Schulden vor dem Ruin. Die Inflation hatte den größten Teil seiner Ersparnisse entwertet, und 1925 war sein alter Pachtvertrag von der Krupp'schen Konsumanstalt gekündigt worden. Die Zeiten hatten sich geändert. In den wirtschaftlich schwierigen Jahren der Weimarer Republik war Protektion zu teuer geworden. Gustav Krupp wollte es sich nicht mehr leisten, unvorteilhafte Verträge früherer Generationen nur wegen jahrzehntelanger Verbundenheit zu verlängern.

Auch der Friseur, Masseur und Bademeister Wilhelm Cardinal war ein interessanter Sonderfall.[30] Als junger Friseurgehilfe hatte er Friedrich Alfred Krupp in Essen bedient. In den 1890er-Jahren versuchte Cardinal, in Barmen ein eigenes Friseurgeschäft zu etablieren und Krupp unterstützte ihn wiederholt mit Darlehen. Trotzdem musste Cardinal Bankrott erklären. Da übernahm Krupp nicht

Schuldschein von
Friseur Wilhelm
Cardinal, 1. Oktober
1895

nur die Schulden in Höhe von mindestens 1.260 Mark, sondern bot Cardinal zudem an, sich als Friseur auf dem Hügel niederzulassen. Er finanzierte ihm eine fünfwöchige Ausbildung zum Masseur und Heilgehilfen für die Lichtbäder auf dem Hügel. Cardinal bot auf Anordnung der Hügelärzte Massagen an, »auf allen Gebieten der Haar- und Bart-

Handbuch
der
Hors-d'oeuvre.

Kalte und warme Vorgerichte.

Von
Chr. Dorst

Fachschriftenverlag
des
Internationalen Verbandes der Köche
Sitz Frankfurt a. M.

Kochbuch des
Krupp-Kochs
Christian Dorst,
um 1900

pflege«[31] behandelte er die Gäste der Familie Krupp kostenlos und war seit 1906 Gustav Krupps persönlicher Friseur. Darüber hinaus hatte er Privatkunden. Bis zum Ersten Weltkrieg lohnte sich diese Mischung aus selbstständiger und abhängiger Arbeit. Mit dem Stellenabbau in den 1920er-Jahren verlor Cardinal zunehmend Kundschaft und klagte bei Gustav Krupp über Existenzprobleme. Noch in den 1940er-Jahren besserte er als über 70-jähriger Rentner seine knappe Pension mit Arbeiten auf dem Hügel auf.

Kontrollierte Kontrolleure

Von Beginn an wurden die neue Villa, ihr prächtiger Park und das ganze Gelände gegen neugierige Blicke abgeschirmt und gut bewacht.[32] Doch das Bedürfnis nach frischer Luft lockte immer mehr Essener Bürger und auch Auswärtige auf die dicht bewaldeten Höhen über der Ruhr. Fotografen versuchten, unerlaubte Bilder zu machen, Ausflügler stiegen sogar über den Zaun des Hügelgeländes. Dabei hatte Alfred Krupp schon im Jahr des Einzugs, 1873, bestimmt, dass »der Hügel jedem nicht Eingeladenen« verschlossen bleibe.[33] Dies änderte nichts an der öffentlichen Neugier. Einzig den Hügelbeschäftigten war es erlaubt, nach Dienstschluss mit ihren Familien »im offenen Walde Spaziergänge zu machen«.[34] Unter Friedrich Alfred Krupp entstand 1896 ein »Circular« mit Grundsätzen, die für »das Betreten des Parks, der Gärten und sonstiger Einrichtungen auf dem Hügel

Posten an der
Feuerwache,
Toreinfahrt zum inneren Hügelbereich,
1893
(Ausschnitt)

»Erlaubniskarte«
zum Betreten der
»Krupp'schen Wald-
wege« auf dem Hügel,
gültig für das Jahr
1900

maßgebend sind«.[35] Genehmigungen für
Begünstigte waren hierarchisch austariert,
Passierscheine und Erlaubniskarten mussten
jährlich neu beantragt werden, etwa zum
Spazierengehen oder Reiten im westlichen
Teil des Hügelwaldes. Wer auf dem Hügel
arbeitete, bekam einen Schlüssel, eine Aus-
weiskarte oder eine Erkennungsmarke. Einen
Schlüssel zu besitzen, galt als größter Ver-
trauensbeweis. Auch dieses System von
Begünstigung, Vertrauen und Kontrolle war
nicht fehlerfrei, so dass sich immer wieder
Arbeiter und Angestellte mit fremden oder
nachgemachten Schlüsseln Zutritt zum
Hügel verschafften.

Es war ein besonderes Privileg, das Anwesen als Gast betreten zu dürfen. Dieses Gefühl der Exklusivität galt es zu vermitteln und

Südlicher Eingang
zum Park der Villa
Hügel, Postkarte
um 1910

zu schützen. Kurz: Exklusivität war eine Stra-
tegie unternehmerischer Repräsentation, und
die Portiers an den drei Eingängen des Hügels
waren deren erste Repräsentanten. Besonders
wichtig war der Hügelverwaltung auch die
Kontrolle von Transporten. Sie gehörte zu den
Hauptaufgaben der Pförtner. Was auf Fuhr-
werken oder Lastwagen in Paketen, Körben,
Säcken oder Kisten nach außen gelangte,
konnte gestohlen sein und brauchte deshalb

Hausregel für den
Hügel zur Zeit
von Alfred Krupp
um 1875

fortlaufend nummerierte und verschieden-
farbige Ausweisscheine des jeweiligen Hügelbetriebes. Die Pförtner sammelten diese
Scheine und gaben sie am Monatsende zur
Revision an die Betriebe zurück.

Aber auch die Kontrolleure wurden kontrolliert: Patrouillen der Feuerwehr über-
prüften an den Toren unvermutet, ob sich
Fuhrleute und Pförtner auch wirklich an die
Anordnungen hielten. Brände zu löschen
war für sie in Friedenszeiten eher eine theore-
tische Aufgabe. Im Alltag stellten die Männer
vom Brandschutz den Telefon- und Sicherheitsdienst, standen Posten, bewachten
nachts die Terrasse am Haupthaus, gingen
rund um die Uhr auf Patrouille, um unbe-
fugte Fremde aufzugreifen und potenzielle
Diebe abzuschrecken. Sie kontrollierten
die Gültigkeit der Ausweiskarten und Er-
kennungsmarken, und wer unbefugt auf dem
Hügel unterwegs war, riskierte ein Strafgeld.
Später wurde sogar eine Monatsstatistik aller
Meldungen geführt, um die Arbeit der Hügel-
feuerwehr selbst zu überwachen. Wurden
zu wenige Meldungen gemacht, schürte das
den Verdacht, die Feuerwehrleute würden
ihre Aufgabe als Sicherheitsdienst nicht ernst
genug nehmen.

Licht auf dem Hügel

Im ersten Drittel des 19. Jahrhunderts setzte
sich in Europa die Gasbeleuchtung durch;
London war Vorreiter. In Deutschland brannten die ersten Gaslaternen in Hannover
und Berlin. Auch der Hügel war mit dieser
Errungenschaft der Industrialisierung ausgestattet. Laternenwärter Dietrich Tyken
zündete bei Einbruch der Dämmerung sämtliche Gaslaternen an und löschte sie später
wieder. Fernzündung gab es auf dem Hügel
nicht, und so ging Tyken jahrzehntelang
in seinem braunen Dienstmantel über das
Gelände, um jede einzelne Lampe mit Hilfe

Festbeleuchtung anlässlich des Besuches von König Aman Ullah von Afghanistan, 8. März 1928

vorhergehende Doppelseite: Speisesaal der Villa Hügel, 1883

seines langen Stocks ein- und auszuschalten. Eine Ausnahme bildeten die Nachtlaternen und die elektrische Terrassenbeleuchtung, die von einem »Elektrizitätsarbeiter« oder der Hausdienerschaft bedient wurden.[36] Je nachdem, ob Gäste zu Besuch waren, wie viel Festbeleuchtung gewünscht wurde oder ob die Herrschaften selbst erst spät nach Hause kamen, war Tyken »bis in die späte Nacht hinein in Anspruch genommen und musste [...] nichtsdestoweniger morgens-früh wieder zur Arbeit erscheinen«.[37] Tagsüber war der Laternenwärter mit dem Putzen und Instandhalten sämtlicher Straßen- und Parklaternen beschäftigt, im Haupthaus war er darüber hinaus für die »Bedienung der Heizung für die Gewinnung des Warmwassers zum Baden und Spülen« zuständig.[38]

Gasleuchten im Park der Villa Hügel, 1883 (Ausschnitt)

Erst mit der endgültigen Fertigstellung der elektrischen Beleuchtung auf dem Hügel verlor der Laternenwärter im September 1920 seine Aufgaben. Das An- und Ausschalten der Außenbeleuchtung konnte nun problemlos von der Feuerwache und den Pförtnern übernommen werden. Doch die Geschichte hat noch eine weitere Facette, denn die rigiden Sparmaßnahmen in den wirtschaftlich schwierigen Jahren nach dem Ersten Weltkrieg machten vor der neu installierten elektrischen Straßenbeleuchtung nicht Halt. Die Bauverwaltung wollte durch den Verzicht auf bis zu 48 Prozent der Lampen im Alltag Strom sparen. Das jedoch misslang, denn die Grenze der Sparbestrebungen wurde durch die Sicherheitsbedürfnisse der Hügelbewohner markiert: Wenigstens im Bezirk der Feuerwehrkontrolle rund um die Villa und in der Kolonie Brandenbusch wollte man »etwas Licht« behalten.[39]

Unterstützung für
Laternenwärter
Dietrich Tyken,
14. November 1902

Wasserwerk mit
Akkumulatorenhaus
für das Elektrizitäts-
werk, um 1903

Nachrichten und Kommunikation

Kommunikation und Kontrolle

Rundschreiben des
Elektrizitätswerks,
31. Juli 1896

Damit auf dem Hügel alles wie »am Schnürchen« laufen konnte, wurde eine ausgeklügelte Kommunikation benötigt. Insbesondere, weil die Villa an sich schon eine Herausforderung für das Personal war. Immerhin waren verschiedene Treppenhäuser vorhanden und es galt, sechs Etagen und Zwischengeschosse von erheblicher Höhe zu überwinden. Ein Personenaufzug wurde erst in den späten 1930er-Jahren eingebaut. Die Küche und diverse Vorratsräume sowie die Leinwandkammer, die Waschküche und das Bügelzimmer, das Möbellager, der Leitern-, der Blumenbinde- und der Abfallraum lagen im Keller. Das Speisezimmer war im Erdgeschoss, Schlaf- und Wohnräume der Familie im ersten, Kinderzimmer im zweiten Obergeschoss. Dort wohnten auch Gäste, ebenso wie im »Kleinen Haus«, dem sogenannten Logierhaus. Dienstboten, sofern sie im Haus lebten, waren überwiegend im Dachgeschoss untergebracht. Die Diener hatten ihre Räume auf der Nord-, die Hausmädchen auf der Südseite. Zwischen den beiden Trakten sollte der

Erläuterungen zur
»Haustelegraphen-
anlage« der Villa
Hügel, 1882

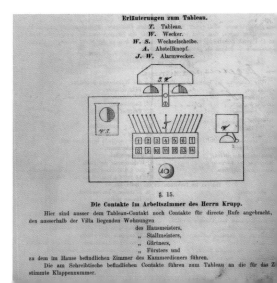

»Verkehr des Tags oder nachts unterbunden werden«.[40] Ob das gelungen ist, ist nicht aktenkundig. Ausgang wurde übrigens nur mit Erlaubnisschein erteilt und maximal bis 22 Uhr.

Jeden Morgen um 5:30 Uhr wurden alle vom Hausportier geweckt. Um 6 Uhr bgann der Dienst für das gesamte Personal. Die »schnelle und sichere Bedienung« der Herrschaften wurde durch eine technisch ausgeklügelte »Haustelegraphie« koordiniert, die zentral vom Portierzimmer aus kontrolliert werden konnte.[41] Angesichts der Distanzen,

Gustav Krupps Tischtelefon der Firma Siemens & Halske

die im Haus zurückzulegen waren, galt es sicherzustellen, dass jeder »Ruf auch von entferntester Stelle« zu hören war, und gleichzeitig zu vermeiden, dass »mehrere Diener von verschiedenen Seiten« herbeieilten.[42] Dafür war ein kombiniertes System aus Klingeln, roten Scheiben, Nummerntableaus für die einzelnen Zimmer und Kontaktknöpfen vorhanden. Durch deren Drücken konnte nachvollzogen werden, ob dem Ruf »Folge geleistet« worden war. Mit anderen Worten: Die Technik sicherte nicht nur den Service, sondern kontrollierte auch die Dienerschaft.

Was der Hausherr diktierte und die Hügelverwaltung schrieb, musste direkt und zu-
verlässig die Adressaten erreichen. Schnelle
Kommunikation und stets aktuelle Informa-
tionen waren das Lebenselixier unternehmerischer Erfolge. In dieser Hinsicht war die
ländliche Lage der Villa anfangs ein Nachteil,
der durch erhöhten Personaleinsatz, gute
Organisation und klare Regeln kompensiert
werden musste: Alfred Krupp hatte präzise
festgelegt, dass ein »reitender Bote« seines
»Estaffetten-Dienstes« binnen drei Minuten
vom Hügelstall losreiten musste. Bei normalen Depeschen war »auf gradem Wege«
im »mäßigen Trab [...], Berg auf und Berg ab
Schritt« zu reiten. Eilmeldungen mussten im
»rastlosen Trab« überbracht werden. Eine
»eilige Estaffette« vom Hügel zur Gussstahl-

Die Legitimations-
karte berechtigte
dazu, die Bahnstation
Hügel durch das
Parktor zu betreten
und zu verlassen,
1900

fabrik durfte nicht länger als 30 bis 35 Minuten dauern.[43] Die Entfernung betrug acht Kilometer. Um die Vorgabe zu erfüllen, mussten Pferd und Reiter schon dauerhaft in flottem Trab unterwegs sein.

In den 1850er-Jahren begann sich die elektrische Telegrafie nach dem System des Amerikaners Samuel Morse in Europa durchzusetzen. Schon früh kam diese innovative Technik auf dem Hügel zum Einsatz: Ab 1867 hatte man eine Telegrafenverbindung zur Gussstahlfabrik, 1887 wurde die Telefonverbindung eingerichtet, und ab 1890 lag unterhalb der Villa eine eigene Bahnstation. Das war ein entscheidender Faktor für die zukünftigen Verbesserungen des Postwesens. Ab Dezember 1896 wurde die öffentliche Post durch die neu eingerichtete »Postagentur Hügel« organisiert, nachdem sich Friedrich Alfred Krupp über »mannigfache Unregelmäßigkeiten« der Zustellung geärgert hatte.[44] Die Postagentur war in der Fahrkartenausgabe der Bahnstation untergebracht und blieb bis zum Ende des Zweiten Welt-

Bahnhof Hügel,
Postkarte um 1905

krieges in Betrieb. Knapp 660 Personen zählten anfangs zum Zustellbezirk: »Hügelaner« nebst Familien und Firmenangehörige. Krupp zahlte einen Großteil der Gehälter für den Postboten und den »Postagenten«, der zugleich Stationsvorsteher des Hügel-Bahnhofs war. Seitdem bestimmte der Takt der Postzüge den langen Arbeitstag des Hügelpostboten: Morgens um 6 Uhr begann sein Dienst und endete abends um 19:40 Uhr. Dennoch hielt Krupp auch am privaten Botensystem fest. Noch Anfang des 20. Jahrhunderts war die »Hauspost« Teil des Transportwesens, denn der »Postführer« zählte zum Stallpersonal des Hügels und war auch dem Stallmeister unterstellt.[45] Er brachte Briefe und Pakete zum Essener Postamt, holte dort eingehende Sendungen ab, brachte Bestellungen aus der Stadt mit und besorgte Lebensmittel. Seit August 1900 wurde dafür ein neuer »Benzinmotor-Geschäftswagen« von Daimler eingesetzt. Allerdings nicht lange, denn die während der Fahrt entweichenden Benzindämpfe beeinträchtigten die transportierten Fleischwaren.[46] Ein elektrischer Motorwagen sollte das Problem lösen, doch wegen zahlreicher Pannen wurde er bald wieder abgeschafft.

Noch in den 1930er-Jahren fuhr »nach wie vor ein Bote vormittags und nachmittags nach Essen«, um Post und »eilige wichtige Mitteilungen« zu bestellen oder kleine Besorgungen in der Stadt zu erledigen.[47] Vielleicht hielt man auch deshalb an Boten und Laufburschen fest, weil die moderne Kommunikationstechnik, von Defekten abgesehen, nur so gut war wie das Personal, das sie bediente. 1896 wurde die Telefonanlage vom Portierzimmer zur Feuerwache verlegt, weil die auch nachts besetzt war. Gleichwohl rechnete man damit, dass sich einige Feuerwehrleute anfangs »bei der Bedienung des Umschalters etwas schwerfällig zeigen« würden.[48] Als ein anderer »Uebelstand« galt, dass »die meisten Herren« beim Telefonieren nicht »genau in die Mitte des Fernsprechers« sprachen, sondern diesen »ganz seitlich« hielten.[49] Probleme bei

An
die Telegraphenhülfsitelle

Hügel

Umschlag für
Sendungen an
die Telegrafenstelle Hügel,
um 1900

der »prompten Bedienung des Telephons«
kamen natürlich auch vor, wenn der zuständige Bürodiener gar nicht im »Telephonraum«
anwesend war.[50]

Manchmal ging eine telegrafische Depesche durch so viele Hände, dass sie den
Dienstherrn zu spät erreichte. Das konnte
eine Frage von Minuten sein, wie dieses Beispiel zeigt: Am 12. März 1915 erhielt der
Telegrafist um 13:56 Uhr ein Telegramm;
gegen 14:04 Uhr gab er es an einen Feuerwehrmann weiter. Der trug es »ohne zu
Zögern ins Haus« und reichte es dem Portier,
der »sogleich in die Halle ging« und es einem
Diener aushändigte. Um 14:12 Uhr erreichte
diese eilige, termingebundene Depesche
Gustav Krupp, leider zehn Minuten zu spät.
In Zukunft galt die Anweisung, der Telegrafist
solle versuchen, Herrn Krupp telefonisch zu
erreichen.[51]

Telegrammformular,
1902

Transport per Pferd und Automobil

Stallmeister und ›Transport-Manager‹

Vor allem im Kaiserreich hatten die Krupp'-schen Ställe großes Renommee und waren luxuriös ausgestattet; Ende 1907 standen dort 29 Reit- und Wagenpferde. Wie beeindruckend dieser herrschaftliche Reitstall in seiner Blütezeit war, zeigen die Erinnerungen adeliger Gäste: Alix Freiin von Kesling schwärmte von dem »Pracht Pferde-Material«, die Stallungen fand sie »raffiniert elegant [...] mehr ein Wohnhaus für Pferde [...] zu nennen.«[52] Hedwig von Berg gefiel dieser Reitstall sogar noch »besser« als der kaiserliche Marstall – »natürlich alles elektrisch und überall die größte Sauberkeit«.[53]

Bereits Alfred Krupp, der begeisterte Reiter, hatte größten Wert auf die Sauberkeit im Stall und die Pflege seiner Pferde gelegt: Dazu gehörten »Fourage erster Qualität«, das strenge Verbot, die Tiere mit »Heugabeln« und Fußtritten, »Schimpfen« »oder mit der Faust«

Personalschlafraum im Reitstall, 1899

rechts: Eingang zum Stallgebäude, 1899

Pferdeboxen im Reitstall, 1899

zu quälen, das Achten auf ihren Gesundheitszustand und das mehrmalige Putzen der Pferde.[54] Der langjährige Stallmeister hieß Wilhelm Köhler.[55] Er durfte »seine Leute« aussuchen, einstellen und ihnen gegebenenfalls kündigen. Köhler disponierte die Dienste, sprach Ordnungsstrafen aus, war für Reparaturen und Neuanschaffungen zuständig, musste dabei aber stets Alfred Krupps Hang zur Sparsamkeit beachten.

Friedrich Alfred Krupp, Alfreds Sohn, wertete den Reitstall weiter auf: Wagenremise, Reitanlage und Ställe wurden als repräsentative Anlage neu gebaut. Als neuen Stallmeister stellte er 1896 Ludwig Albrecht ein[56], der zuvor als Sattelmeister im Kaiserlichen Marstall in Berlin gearbeitet hatte. Der Posten war bei Krupp unterdessen so prestigeträchtig, dass der alte und wohl nicht mehr so präsentable Wilhelm Köhler nach 29 Dienstjahren abgefunden und in Pension geschickt wurde.

Margarethe Krupp
mit Gästen in der
Loge der Reitbahn
anlässlich des
Besuchs des Königs
von Siam, 1897

Neben dem vornehmen Reitstall gab es den
Wirtschaftsstall. Dort war ein Stallmeister
zuständig für die Instandhaltung landwirt-
schaftlicher Maschinen, für die tägliche Dis-
position der Arbeitspferde und Fuhrwerke, für
die Kontrolle von Knechten und Fuhrleuten.
Viele Jahrzehnte lang hing der reibungslose
Arbeitsablauf in den Hügelbetrieben maß-
geblich von den Kutschern mit ihren Pferde-
wagen ab. Es gehörte zu den Aufgaben des
Wirtschaftsstalles, Arbeitspferde und Fuhrwerke bereit zu halten, schwere Transporte zu
organisieren, wie die Anlieferung von Wein,

»Reitstunde«,
April 1892

Bier und Mineralwasser, oder Heu auf den Ruhrweiden zu holen. Die Arbeiten konnten schnell stocken, wenn ein Fuhrwerk zu spät zur Einsatzstelle kam oder ein Fuhrmann abends nicht bereit war, unbezahlte Überstunden zu machen, weil er warten musste, bis das Be- oder Entladen erledigt war. Vom Fuhrwesen wurde erwartet, dass es sich anpasste.

Die Transportbedürfnisse des Großbetriebes Hügel koordinierte der Stallaufseher, der auch die Fuhrleute kontrollierte. Insbesondere Spesenabrechnungen für Fuhren über die Mittagszeit provozierten Klagen der Hügelverwaltung. Dabei ging es vor allem um unkontrollierbare Ausgaben wie die auswärtige Verpflegung, die sogenannten Zehrgelder oder Trinkgelder, die als Dank für das Festhalten der Pferde – die niemals unbeaufsichtigt bleiben durften – gezahlt wurden. Hier zeigt sich, dass auf dem Hügel zwei

Stallmeister Albrecht mit Bertha und Barbara Krupp, 1897

unterschiedliche Bedürfnisse miteinander verbunden werden mussten: der Wunsch nach herrschaftlicher Repräsentation durch demonstrativen Luxus und der nach größtmöglicher Autonomie durch landwirtschaftliche Selbstversorgung und ein eigenes Transportwesen. Dabei bekamen Pferde und Kutschen als »Transportmittel« schon früh Konkurrenz.

Stallknechte und Chauffeure

Im 19. Jahrhundert experimentierten in ganz Europa Ingenieure mit dem Ziel, ein Gefährt mit eigenem Antrieb zu konstruieren. Man schrieb das Jahr 1886, als Carl Benz ein »Fahrzeug mit Gasmotorenbetrieb« zum Patent anmeldete. Als er seine Erfindung der Öffentlichkeit vorstellte, löste der lärmende Kraftwagen mit seinen 0,8 PS Angst und Schrecken aus. Benz erntete zunächst viel Spott. Auch der eigentlich technikbegeisterte Kaiser Wilhelm II. war skeptisch und soll gesagt haben: »Ich glaube an das Pferd, das Auto ist nur eine vorübergehende Erscheinung.« Bald nach Benz bauten auch Gottlieb Daimler und Wilhelm Maybach motorisierte Fahrzeuge. Die ersten Autos auf dem Hügel waren ein Daimler-Geschäftswagen und ein Scheele-Elektrowagen von 1900. Beide wurden noch dem Stallwesen zugerechnet und von extra angelernten Stallbediensteten gefahren. 1908 war die Autoremise fertiggestellt, die ersten Privatchauffeure wurden eingestellt.

Während Margarethe Krupp der Kutsche und ihrem Lieblingskutscher treu blieb, fühlten sich Tochter Bertha und Schwiegersohn Gustav in der alten Welt der Pferde ebenso zu Hause wie in der neuen Welt der Automobile. Bertha und ihre Schwester Barbara hatten schon als Kinder reiten gelernt. Bertha ritt

vorhergehende Doppelseite: Reitbahn, 1899

Margarethe Krupp (links) bei der Ausfahrt mit »Wilhelm« (wahrscheinlich Stallmeister Wilhelm Köhler), Juni 1891

Leute vom herrschaftlichen Stall.

Namen.	Tätigkeit.
Brunner	*Stallmeister*
Busras	
Nacke	pflegt und fährt Freya und Fricka,
Stender	pflegt und fährt die zwei neuen Stuten,
Gneisse	pflegt Lustig und Tor und longiert abwechselnd 1 Pf
Hinzen	pflegt Juno, Szereny und Heliotrop,
Wilhelmus	pflegt Ambrosia, Piccolo und Blacky,
v.d. Duin	pflegt und fährt Plisch und Plum,
Schulte-ter Boven	pflegt Quick, Favory und Grauchen,
Peter	pflegt Brauni, Bijou und reitet die Ponys u. Favory
Büchner	Stallreinigung und Hunde,
Hohmann	Wagenremise,
Neumann	besorgt die Post.

Aufgabenverteilung im herrschaftlichen Stall, 1916

viel und Gustav erwartete vom Stallmeister, dass immer genügend Pferde im Stall standen, die auch »für Damen zugeritten« waren.[57] Im Park auszureiten bot Gelegenheit, sich Zeit für Gäste und für die Familie zu nehmen; auch die Ponys der Kinder mussten daher stets vorbereitet im Stall stehen.

Der Arbeitstag eines Stallmeister-Assistenten sah 1914 etwa so aus: 5:30 Uhr bis 6:45 Uhr – morgendliche Fütterung überwachen, anschließend Pferde reiten (für zwei Pferde rechnete man drei Stunden), später longieren (mindestens zweieinhalb Stunden) und mit den Wagenpferden üben. Nach der Kontrolle der Pferde und des Stalles sowie diverser Schreibarbeiten endete die Arbeitszeit gegen 19:30 Uhr. 15 Bedienstete kümmerten sich in diesen Jahren um den Reitstall mit 21 Reit- und Wagenpferden, vier Ponys und zwei Maultieren.

Das Auto benötigte weniger Personal als das Pferd. Obwohl die Technik damals noch sehr wartungsintensiv und reparaturanfällig war, kam man in der Kraftwagenhalle mit vier Angestellten, einem Fahrmeister und drei Wagenführern aus. Im Winter 1906/07 hatte Gustav Krupp das erste Auto für die Familie angeschafft, doch schon wenige Jahre später

Kaiser Wilhelm II.
und Gustav Krupp bei
der Besichtigung der
Margarethenhöhe,
8. August 1912

standen mindestens zwei Pkw, ein Lkw, ein Omnibus und vier andere »Kraftwagen« in der Autoremise. Die Automobile mussten nicht nur gepflegt werden, der Umgang mit den Motorwagen verlangte erhebliche technische Fertigkeiten von den Fahrern, so dass Autobesitzer nicht nur aus Prestigegründen auf Chauffeure angewiesen waren.

Während das Stallpersonal meist mit einer landwirtschaftlichen Ausbildung auf den Hügel kam, gab es in der Pionierzeit des Autos noch unterschiedliche Wege zum Beruf des Chauffeurs. Häufig absolvierten die Kraftfahrer eine Schlosserlehre und eine Weiterbildung zum Automobilschlosser. Auch Leo Andres hatte sich auf diese Weise spezialisiert.[58] Vor seiner Anstellung bei Krupp arbeitete er als Werksfahrer bei Benz in Mannheim, und Gustav Krupps Erkundigungen spiegelten seine technischen Anforderungen an einen guten Chauffeur wider: »Wie ihnen bekannt ist, besitzen wir sowohl ihr System als auch Mercedeswagen. Wir suchen einen Mann, der beide Wagen kennt und Reparaturen sachverständig auszuführen versteht. Er muss wegen der unübersicht-

Nr.	Wagen	Führer	Infaſſen
	Beſuch Sr. Maj. des Königs Ludwig III von Bayern, 10. bis 13. Februar 1915		
	Kraftwagendienſt		
1	65 P.S. Ventillof. Daimler-Wagen 2 Haupt-, 2 Notſitze	Oberchauffeur Heiſeler	**Se. Majeſtät der König,** Herr von Bohlen
2	40 P.S. Ventillof. Daimler-Wagen 2 Haupt-, 2 Notſitze	Schulze	Se. Kgl. Hoheit der Herzog von Calabrien, Se. Exz. Frbr. von Rheinbaben
3	Geſchloſſener Benz-Wagen 4 Sitze	Brinkmann	Se. Exz. Oberſthofmeiſter Frbr. von Leonrod, Se. Exz. Frbr. von Kreß, Kriegsminiſter, Major Frbr. von Bodmann,

lichen und dicht bevölkerten hiesigen Gegend ein durchaus besonnener und sicherer Fahrer sein.«[59]

Für langjährige Hügel-Bedienstete war dennoch ein anderer Weg zum Chauffeurberuf typischer: Der 19-jährige Bernhard Lindemann beispielsweise fing 1906 im Reitstall an, durchlief verschiedene Werkstätten der Bauverwaltung und kam dann zur Pflege und Wartung der Autos in die Kraftwagenhalle.[60] Vom »Kurbelmaxe« stieg er 1912 zum Hilfschauffeur auf, arbeitete sich hoch und wurde 1932 zum »Fahrmeister« ernannt. Lindemann war auch der Fahrlehrer der Kinder und gehörte nach 1945 zu dem Personal, das mit der Familie Krupp auf Schloss Blühnbach in Österreich lebte.

Jagd, Vieh- und Gartenwirtschaft

Selbstversorger

Familie des Försters
Gustav Kurts (2. von
links) vor dem Forst-
haus, um 1890

In Kriegs- und Krisenzeiten war der Wirtschaftsstall mehr denn je für die Versorgung
mit Lebensmitteln zuständig. 16 Milchkühe,
ein Kalb, ein Zuchtbulle und zwei Fahrochsen
gehörten 1917 zum Ökonomiehof. Täglich
wurden 162 Liter Milch produziert. 58 Liter
bekamen die im Ersten Weltkrieg eingerich-
teten Hügel-Lazarette, der Kinderhort und
kinderreiche Arbeiterfamilien. Der Rest ging
an das Haus und andere Hügelbewohner oder
wurde zu Butter verarbeitet. Gerade Vollmilch
galt als wertvolles Nahrungsmittel; ihre
mehr oder weniger großzügige Verteilung
war eine hoch geschätzte Geste und förderte
den sozialen Frieden auf dem Hügel.

Arbeitspferd mit
schwerem Geschirr
und Fliegenschutz,
August 1893

Hügelförster
Gustav Kurts,
um 1890

Bertha und Barbara
Krupp bei der
Heuernte im Hügel-
park, Juni 1894

In kleinerem Umfang trug auch die Jagd zur Selbstversorgung bei. Die Anforderungen an Förster und Jäger waren hoch, denn das Jagen war bei mehreren Krupps eine Passion. Der Leumund der Waldhüter musste exzellent sein, ihre Lebensweise tadellos. Alfred Krupp hatte 1873 einen Privatförster[61] auf Lebenszeit eingestellt, und seine Schwiegertochter Margarethe Krupp beschäftigte bis 1911 einen Forstaufseher in ihren Essener Wäldern.

1919 erhielt Hügelverwalter Karl Bernsau einen Brief vom Förster Paul Kwasny. Der schrieb: »Unterzeichner hat im letzten Jahr in 14 Fällen 20 Wilderer unter sehr schwierigen Verhältnissen – in 2 Fällen wäre ich

fast erschossen – abgefasst und zur Anzeige gebracht.«[62] Kwasny bat nun den Verwalter, die Verleihung des Ehrenhirschfängers beim Allgemeinen Deutschen Jagdschutzverein für ihn zu beantragen. Bernsau war nicht abgeneigt und argumentierte bei seiner Befürwortung, Kwasny habe »sich als ein rastloser und schneidiger Schutzbeamter erwiesen [...], der keine Mühe und Gefahr scheut, um des in seinem schwierigen Revier in der Nähe der Großstadt immer dreister werdenden Wildererunwesens Herr zu werden«.[63] Manch anderem ging es weniger um die Ehre als ums alltägliche Auskommen, so besserten Jagdgehilfen ihren Lohn mit Schussgeld auf. Für Fuchs, Dachs, Iltis oder Wiesel zahlte die

Verwaltung je fünf Mark, Nutzwild musste
bei der Herrschaft abgeliefert werden.

Das Gros des Krupp'schen Jagdpersonals
arbeitete allerdings fern vom Hügel, etwa im
Westerwald, wo Friedrich Alfred Krupp mehrere Reviere und das Jagdschloss Sayneck
gepachtet hatte.[64] Später kam das oberöster-
reichische Revier um Schloss Blühnbach
hinzu.

Gärtnern zwischen Luxus und Rentabilität

Aus einem Lehrbuch
der Gärtnerei, 1894

In der Rolle eines Gutsherren und Landwirts
sah sich schon Alfred Krupp mit dem Erwerb
der Ländereien in Bredeney. Nach wenigen
Jahren war der Hügel ein autarker Betrieb
mit Land-, Jagd- und Forstwirtschaft. Die
Pflege und der Erhalt von Wald, Park und
Gärtnereien[65] oblag anfangs dem Obergärtner Friedrich Bete.[66] Er hatte schon vor
dem Bau der Villa für Krupp gearbeitet und
war für die Gartenanlagen des Familien-
Wohnhauses auf dem Gelände der Essener
Gussstahlfabrik verantwortlich gewesen.

74

Die Obergärtner gehörten zu den bestbezahlten Angestellten der Hügelverwaltung. Friedrich Bete bekam 3.600 Mark im Jahr, dazu freie Wohnung, Heizmaterial, Leuchtgas und Gemüse aus den Gärtnereien. Zum Vergleich: Ein Fabrikarbeiter konnte damals, abhängig von der Branche, rund 1.000 Mark verdienen. Unter Betes Nachfolger und Kontrahenten Friedrich Veerhoff[67] wurden die Ausgaben für die Hügel-Gärten erhöht und das Personal aufgestockt. 1902 kümmerten sich zwei Obergärtner und 16 Gehilfen um Park-, Blumen-, Garten- und Anzuchtanlagen sowie um die Gemüsegärtnerei mit Freiland- und Frühbeeten. Sie waren ferner zuständig für die Pflanzungen mit Obst und Wein, für

Treiberei und Gewächshäuser, 1883

Schnittblumen und die legendären Orchideen der Krupps.

Für ledige Mitarbeiter stand ein Gärtnerwohnhaus mit Gesellschaftszimmer und Klavier zur Verfügung, einer gut sortierten Bibliothek und einem Weinkeller mit Platz für den selbst gekelterten »Johannisberger«.

Die Hügelgärtnerei bildete auch aus. Eine Gärtnerlehre dauerte drei Jahre, Lehrgeld erhob man nicht, aber die Lehrlinge mussten den Wetterdienst in der meteorolo-

Lehrzeugnis für
die Gärtnergehilfin
Margarethe Wefing,
4. März 1918

unten:
Beerenpflücken,
Oktober 1933

gischen Station übernehmen, was ziemlich kompliziert war. Wer auf dem Hügel den Gärtnerberuf erlernen durfte, verstand später nicht nur etwas von Landschaftsgärtnerei, Parkpflege, Obst- und Gemüseanbau, sondern auch von Blumenbinderei und Pflanzenzeichnen.

1925 verlor die Hügelgärtnerei ihre Eigenständigkeit durch den Zusammenschluss mit der Fabrikgärtnerei. Dort war die Arbeit in der schwierigen Nachkriegszeit gewinnorientiert umgestellt worden: Den größten Ertrag erzielte der Verkauf von Produkten an die Laufkundschaft. Auch die Landschaftsgärtnerei und Lieferungen an Privathaushalte brachten Gewinne. Die Hügelgärtnerei dagegen war mit ihren kostbaren Pflanzenkulturen und vielen Treibhäusern vor allem auf Qualität und Exotik spezialisiert. Rentabilitätsgedanken waren der Belegschaft weitgehend fremd geblieben. Erst während des Ersten Weltkrieges stellte man alle gärtnerischen »Luxusarbeiten« ein und forcierte den Gemüseanbau. Der Übergang von der »Herrschaftsgärtnerei« zur »Verkaufsgärtnerei« war so gesehen ein echter Kulturschock, zumal er nicht zuletzt bedeutete, die Hügelgärtnerei als Verkaufsstelle für die Laufkundschaft zu öffnen.

Vorbereitungen für
den Versand von
Pflanzen, Oktober
1933

Treiberei mit Pflanz-
beeten, um 1930

unten: Stempel
der Bibliothek der
Hügelgärtnerei,
um 1900

Dieser gravierende Einschnitt markierte das Ende der herrschaftlichen Gartentradition der Kaiserreichszeit, deren erster Protagonist der bereits erwähnte Obergärtner Bete gewesen war. Er wurde allerdings schon 1896 vorzeitig pensioniert und schied im Unfrieden, nachdem er mit seinem designierten Nachfolger Veerhoff aneinander geraten war. Der 1868 geborene Veerhoff kam mit besten Referenzen aus königlichen Hofgärtnereien auf den Hügel. Unter seiner Leitung gewann die Gärtnerei ihren internationalen Ruf für die Vielfalt exotischer Früchte und die prachtvolle Blumen- und Orchideenzucht. Veerhoff passte genau in Friedrich Alfred Krupps Suchprofil: Männer wie er und der Verwalter Bernsau oder die Privatsekretäre Korn und Marotz waren alle in den 1860er-Jahren geboren und im jungen Kaiserreich sozialisiert worden. Friedrich Alfred Krupp wählte die Vertreter dieser Generation der »Wilhelminer« persönlich aus, um eine neue Führungsriege auf dem Hügel zu etablieren und die alte Generation seines Vaters abzulösen.

Fuhrpark der
Hügelgärtnerei,
1933

Erziehung, Bildung und Sport

Die Erziehung der Kinder

Kindermädchen Anna Garschagen und Amme Sophie Moswinkel mit der Familie Krupp in Sayneck, Sommer 1886. Von links: Margarethe und Friedrich Alfred Krupp, Irene von Ende, Bertha Krupp mit Enkelin Bertha, Anna Garschagen und Sophie Moswinkel

Mit den Abläufen im Wohnhaus hatten die Gärtner nur indirekt zu tun. Eine besondere Rolle in der Villa kam jenen Bediensteten zu, die für das Wohlergehen und die Erziehung der Kinder zuständig waren. Je nachdem wieviel Nachwuchs im Hause lebte, war diese »Abteilung« mal größer, mal kleiner. Die Allerkleinsten hatten eine Amme und eine Säuglingspflegerin, die von Familie zu Familie weiterempfohlen wurde. Die Kleinkinder bekamen neben den Kindermädchen mindestens zwei Kinderpflegerinnen und eine Erzieherin. Bertha Krupp formulierte ihre Ansprüche an die Kindermädchen einmal so: »verträglich« und »nicht zu jung« sollten sie sein, »mit ruhigem Wesen und guten Manieren [...] aus einer durchaus zuverlässigen

»Frau M[argarethe] Krupp mit Bertha, Barbara, Anna Garschagen (?), Juni 1891

und ordentlichen Familie«.[68] Da die Kindermädchen sich auch um die Zimmer und die Kleidung kümmern mussten, erwartete man zudem Fertigkeiten im Stopfen, Flicken und Bügeln oder sogar eine Ausbildung im Weißnähen. Körperpflege und das Ankleiden, Betten machen, Waschtische in Ordnung halten, Flaschen spülen und manches andere gehörte zu den Aufgaben der Kinderpflegerinnen. Sie betreuten die Jüngsten, wenn sie krank waren, schoben sie im Kinderwagen durch den Park und gingen mit ihnen spazieren. Die ganze Familie sprach die Pflegerinnen mit Vornamen an, weil man erwartete, »dass in der Kinderstube [...] ein freundschaftliches Verhältnis herrscht«.[69] So bauten sich Beziehungen auf, die zum Teil ein Leben lang Bestand hatten. Ein Beispiel dafür ist die Kinderpflegerin Maria Garschagen, die auf dem Hügel nur Anna genannt wurde.

Wenn die Kinder älter wurden, bekamen sie eine Erzieherin bzw. Hauslehrerin und einen Hauslehrer. So kam 1890 Margarethe Brandt auf den Hügel. Damals war Bertha Krupp gerade vier und ihre Schwester Barbara noch nicht drei Jahre alt. Brandt, die später auch als Gesellschafterin geschätzt wurde und der Familie sehr nahe stand,[70] war Elsässerin und sprach Französisch als Muttersprache, was ein wichtiges Argument für ihre Einstellung gewesen sein dürfte. Der naturwissenschaftlich sehr interessierte Vater Friedrich Alfred Krupp sorgte später dafür, dass seine beiden Töchter auch Naturkundeunterricht erhielten. Außerdem war eine Gymnastiklehrerin im Hause Krupp angestellt; für den Reitunterricht war der Stallmeister, für das Rudern der Bootshauswärter zuständig, und das Autofahren unterrichtete der Fahrmeister.

Doch besonders Fremdsprachenkenntnisse waren auf dem Hügel unerlässlich, schließlich gehörte Konversation mit ausländischen Gästen zu den gesellschaftlichen Pflichten der Familie. Bertha Krupp legte größten Wert auf guten Sprachunterricht für ihre sieben Kinder. Allerdings war ihr ältester Sohn Alfried schon neun Jahre alt, als der Hauslehrer Wilhelm Maag für ihn eingestellt wurde. Der Altphilologe wurde 1916 auf Gustav Krupps Wunsch vom Militärdienst zurückgestellt. Seine schon früher geplante Anstellung war durch den Ausbruch des Ersten Weltkrieges verhindert worden. Für die jüngeren Kinder Claus, Irmgard und Berthold kam Ende 1918 Charlotte von Trotha ins Haus.

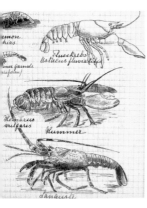

Ausarbeitungen über das »System des Thierreichs«, verfasst von Bertha Krupp im Rahmen ihres naturwissenschaftlichen Unterrichts, 1899–1902

Anna Lackmann mit Alfried und Arnold von Bohlen und Halbach bei dessen Taufe am 28. Oktober 1908

Wilhelm Maag starb 1927 mit nur 52 Jahren an einem Leberleiden und von Trotha musste kündigen, um ihre kranke Mutter zu pflegen. Inzwischen hatten sich die Zeiten geändert: Die klassische »Gouvernante« aus verarmter Adelsfamilie und mit perfekten Umgangsformen war kaum noch zu finden. Junge Lehrerinnen mit Gymnasialausbildung warteten lieber auf ihre Einstellung in den öffentlichen Schuldienst. Was sich jedoch nicht geändert

Margarethe Brandt mit Bertha und Barbara Krupp, Hügel, Oktober 1891

hatte, waren die hohen Ansprüche von Bertha Krupp. Für ihre beiden jüngsten Kinder, Waldtraut und Eckbert, suchte sie eine »Junglehrerin«, die auch Gesellschafterin für ihre 15-jährige Tochter Irmgard sein sollte. »Absolut Dame« müsse die neue Lehrerin sein, »taktvoll und energisch [...], ein Vorbild in gesellschaftlichen Formen«. Sie sollte die Kinder »leiten und beeinflussen«, einen »kameradschaftlichen Ton« finden und trotzdem »volle Autorität« wahren.[71]

Ihre Eltern sahen die Kinder von Bertha und Gustav Krupp oft nur zu den Essenszeiten oder zur obligatorischen Spielstunde um 18 Uhr. Im Grunde suchte ihre Mutter beim

Kindermädchen Anna Lackmann, Anna Garschagen und Jeanne Désert mit Alfried und Claus von Bohlen und Halbach, April 1911

Personal, was sie selbst nicht immer leisten konnte: »Ich bin viel verreist, und wenn ich zu Hause bin, kann ich mich im Einzelnen natürlich auch nicht um die Kinder und deren Treiben kümmern.«[72] Es sollte mehr als zwei Jahre dauern, bis eine neue Hauslehrerin gefunden war. Erst im April 1929 trat Emmy Coerper ihre Stelle an. Sie war bereits 43 Jahre alt, in dieser Hinsicht hatte Bertha Krupp also deutliche Zugeständnisse machen müssen. Wer die schwindende Kultur der Kaiserzeit auf dem Hügel erhalten wollte, musste bei der Neubesetzung wichtiger Stellen zunehmend auf ältere Bewerber und Bewerberinnen zurückgreifen.

Suche zum 1. April evangel. Erzieherin (Junglehrerin) zur Erteilung des Unterrichts u. zur Erziehung meiner beiden jüngsten Kinder, Mädchen 8, Knabe 6 Jahre. Sprachkenntnisse erwünscht. Erfahrung i. Unterricht u. Erziehung Bedingung. Angebote mit Lebenslauf, Zeugnissen, sowie Lichtbild zu senden an Frau Krupp v. Bohlen und Halbach, Essen-Hügel. [97283]

Stelleninserat, erschienen im Magazin »Aus dem Reich der Frau«, März 1929

Hauslehrerin Emmy Coerper mit Krupp-Kindern in Nordwijk, Juni 1932

Kindermädchen
mit Alfried von
Bohlen und Halbach
in Heiligendamm,
Juli 1910

Kinderschwester
Bertha Wefing,
Bertha Krupp mit
den Kindern Harald
und Berthold,
Hügel, Juli 1918

Zum Bildungsanspruch des Hügels gehörte auch eine umfangreiche Hausbibliothek.[73] Unter Alfred Krupp war es Aufgabe des Portiers, illustrierte Zeitschriften zu sammeln und einzubinden. Später wurden die frühmorgens eintreffenden Zeitungen von einem Diener zur Lektüre vorbereitet. Alfreds Sohn Friedrich Alfred Krupp ließ die Hügel-Bibliothek in den 1890er-Jahren durch seinen Reisekurier verwalten. Später betreute sie ein Angestellter aus der Werksbibliothek – der »Krupp'schen Bücherhalle«. Es war eine Vollzeitstelle: von Montag bis Samstag und bis zu 45 Stunden in der Woche. Seit 1922 kümmerten sich die Privatsekretäre um die

Eberhard Fraas in der geologisch-naturkundlichen Sammlung von Friedrich Alfred Krupp, um 1885

links: Schulzimmer von Bertha und Barbara Krupp, 1898

rechts: Hauslehrer Wilhelm Maag, um 1916

folgende Doppelseite: Östlicher Pavillon, 1899

Hauslehrer
Ludwig Eggert,
um 1929

Bibliothek, die über die Jahrzehnte hinweg zu einer großen Sammlung angewachsen war. Rund 22.000 Bände gingen schließlich 1966 als Schenkung an die neu gegründete Ruhr-Universität Bochum und bildeten einen Grundstock der Universitätsbibliothek.

Auf dem Hügel interessierte man sich nicht nur für Theorie, sondern auch für angewandte Wissenschaft und Technik – insbesondere Friedrich Alfred Krupp. Er ließ 1898 auf dem Hügel eine kleine meteorologische Station zur Beobachtung des Wetters errichten, um aus den Daten Rückschlüsse für die Produktion in der eigenen Gärtnerei zu ziehen. Zur Aufsicht über seine naturwissenschaftlichen Sammlungen, die interessierten Gästen im westlichen Pavillon präsentiert wurden, beschäftigte Krupp einen Naturalienwärter. Seit 1885 lag die wissenschaftliche Betreuung in den Händen des Geologen und Paläontologen Eberhard Fraas, der später als Professor und Konservator am Königlichen Naturalienkabinett in Stuttgart arbeitete, aber auch noch Aufträge für Krupp übernahm.

Exlibris, Bibliothek
der Villa Hügel,
nach einer Radierung
von Heinrich Kley

Bibliothek der
Villa Hügel, Blick
ins Herrenzimmer,
1920

Sport und Geselligkeit

oben: Schlittschuh-
teich im Hügelpark,
Februar 1895.
Bertha und Barbara
Krupp mit Onkel
Winterfeldt

Nicht nur die geistige, sondern auch die körperliche Ertüchtigung spielte auf dem Hügel eine bedeutende Rolle. Im Hause Krupp wurden unterschiedliche Sportarten gepflegt und die Sportförderung hat eine lange Tradition.[74] Überhaupt wandelte sich in der zweiten Hälfte des 19. Jahrhunderts der gesellschaftliche Stellenwert sportlicher Betätigung. Leibesübungen wurden zum festen Bestandteil des Schulunterrichts, der Vereinssport gewann an Bedeutung. Von England ausgehend breitete sich die Begeisterung für sportliche Wettkämpfe auf dem europäischen Kontinent aus. Auch Friedrich Alfred Krupp, der als Kind kränklich gewesen war, betrieb Sport – Reiten, Rudern, Fechten – wohl weniger aus eigener Begeisterung als auf Anraten seines Arztes. Gemeinsam mit Essener Honoratioren gründete er 1884 den Essener Turn- und Fechtklub, ETUF. Mit dem

Bau eines Boots- und Clubhauses am Ruhrufer schuf er um die Jahrhundertwende einen exklusiven Ort bürgerlicher Geselligkeit und anglophiler Sportbegeisterung. Hier trafen sich die Mitglieder des ETUF und des Kasino-Vereins Krupp'scher Beamter mit den Bewohnern des Hügels.

Ein von Krupp bezahlter Bootshauswärter verband die technischen Funktionen eines Hausmeisters mit der Kontrollfunktion eines Portiers. Er kümmerte sich um die Instandhaltung des Bootsmaterials, die Reinigung der Räume und die Bedienung der Heizung, aber er schlüpfte auch in die »freundliche und aufmerksame Haltung« eines Dieners, der »beim Besteigen und Verlassen der Boote« half oder eingesetzt wurde, wenn die Familie Krupp mit ihrem elektrischen Boot fuhr.[75]

Margarethe Krupp
(links) mit Freunden
am Tennisplatz, 1890

Balljunge am
Tennisplatz, 1890
(Ausschnitt)

Die unbeliebteste Aufgabe der Bootshauswärter war die Kontrolle von Zugangsbe-
rechtigungen der Vereinsmitglieder und
ihrer Gäste, zum einen wegen der Vielfalt
unterschiedlicher Ausweise und Regelungen,
die immer wieder geändert wurden, zum
anderen wegen drohender Konflikte mit
den Gästen oder dem Arbeitgeber. Bei den
jährlichen Ruderregatten des ETUF halfen Arbeiter der Gärtnerei und der Bauverwaltung,
wofür sie mit Trinkgeld vom Verein rechnen
konnten. Um 1910 waren das in der Regel
150 Mark bzw. zwei Mark pro Arbeiter.

Die Bediensteten der Gärtnerei hatten
auch die Anlagen rund um das Bootshaus in
Ordnung zu halten und sich um die anderen
Sport- und Freizeitanlagen zu kümmern:
Dazu zählten die Bewässerung der Schlitt-
schuhteiche zur Herstellung der Eisbahn oder
die Pflege der beiden Tennisplätze nördlich
der Villa sowie der Wiese, die die Hockey-
Abteilung des Essener Turn- und Fechtklubs
nutzte. Alfried und Claus von Bohlen und
Halbach bekamen hier Anfang der 1920er-
Jahre Leichtathletikunterricht.

Fahrradtour
der Familie
Krupp durch
den Hügelpark,
Juli 1897

Bootshaus, 1899

Rudersport
an der Ruhr, 1899
(Ausschnitt)

Wohnen und Freizeit

Wohnen auf dem Hügel

Ab der zweiten Hälfte des 19. Jahrhunderts prägten die Industrialisierung und ein enormes Bevölkerungswachstum die Wohnsituation in den Städten. Es herrschte große Wohnungsknappheit. Häufig teilten sich mehrere Generationen einer Arbeiterfamilie ein oder zwei winzige Zimmer und die Küche. Betten wurden nächteweise an sogenannte »Schlafgänger« vermietet. Oft fehlte fließendes Wasser im Haus, die hygienischen Verhältnisse waren häufig katastrophal, Krankheiten die Folge. Krupp gehörte zu den ersten Unternehmen, die mit dem Bau von Werkswohnungen und -siedlungen begannen, nicht zuletzt um qualifizierte Arbeitskräfte an die Firma zu binden.

Auch beim »Großbetrieb« Hügel lag es auf der Hand, dass angemessene Wohnungen für das Personal und die räumliche Nähe zum Dienstort von Vorteil waren – sowohl für Arbeitgeber als auch für Arbeitnehmer. 1907

Hausordnung für das Arbeiterlogierhaus, 14. März 1896

Arbeiterlogierhaus II,
um 1900

wohnten etwa 41 Prozent der Arbeiter und Angestellten auf dem Hügel.[76] Die meisten Beamten hatten das Privileg einer freien Dienstwohnung, in der Regel in einem der Beamtenwohnhäuser im Umfeld der Villa Hügel. Ledige bekamen oft »freie Station«, also ein Zimmer oder eine Schlafstelle in der Nähe des Arbeitsplatzes. Sie wohnten im Dachgeschoss der Villa, in den Ställen, den Arbeiterlogierhäusern, im Wohnhaus der Gärtnergehilfen oder im Bootshaus. Dazu kamen die begehrten Mietwohnungen in der Kolonie Brandenbusch im nördlichen Hügelbereich. 1895 wurden dort für Arbeiter und einfache Angestellte die ersten Wohnungen

97

fertiggestellt, 1910 lebten 70 Haushalte in der schmucken Siedlung, die in Cottage-Bauweise errichtet und gartenstädtisch geprägt war. Zu den Gemeinschaftseinrichtungen der Siedlung gehörten die Räucherkammer, die Dampfwäscherei, die Badeanstalt, das Spritzenhaus und ein Laden der Krupp'schen Konsumanstalt. Ab 1906 gab es außerdem eine evangelische Kirche.

Ein Gutachter der Stadt Essen, der 1925 die Hügelwohnungen besichtigte, lobte deren sehr guten Zustand, »wie man ihn bei Privathäusern heute selten findet.«[77] Die Hügelverwaltung hatte streng darauf geachtet, dass jede »Wohnung stets so sauber« sein müsse, »dass Herr Krupp ohne Bedenken hineingehen könne.«[78] Wie ernst das gemeint war, zeigt sich in den Mietbestimmungen von 1895, in denen es hieß, dass den Beamten der Hügelverwaltung »zu jeder Tageszeit« Zutritt zur Wohnung zu gewähren sei.[79]

rechts: Wohnsiedlung Am Brandenbusch nördlich der Villa Hügel, um 1903

Umbauarbeiten am Arbeiterlogierhaus II, 1902

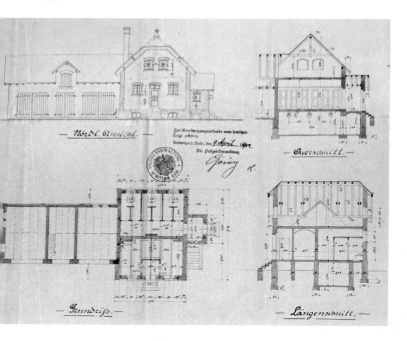

Wäschezettel für
schmutzige Wäsche
aus dem Arbeiter-
logierhaus II, 1896

In den Jahren 1897/98 versuchte Krupp,
durch Preisausschreiben Anreize für »Accu-
ratesse und Sauberkeit« in den Wohnungen
und Gärten zu schaffen.[80] Bei der Prämierung
wurde sogar berücksichtigt, dass es Familien mit weniger Kindern vielleicht leichter
fiele, Ordnung in der Wohnung zu halten. In
späteren Jahren besuchte Bertha Krupp die
Familien ihres Personals auch unangemeldet,
allerdings nicht vor 11 Uhr vormittags. Da
die Räume im Großen Haus der Villa Hügel
bis zu diesem Zeitpunkt aufgeräumt sein
mussten, erwartete sie das gleiche von allen
Hügelbewohnern.

Dennoch oder gerade weil so viel Wert
auf Kontrolle gelegt wurde, blieben Konflikte,
Beschwerden und Strafandrohungen nicht
aus. Ein Klassiker waren die Klagen über Kin-
derunfug: Der Nachwuchs spielte auf dem
Rasen, was nicht erlaubt war, warf Steine,
stahl Obst und wurde für Beschädigungen

Krupp-Siedlung
Altenhof, Postkarte
um 1910

rechts: Siedlung
Am Brandenbusch
mit Einzeichnung
von Stromkabeln,
Mai 1919

folgende Doppelseite:
Besuch des Kron-
prinzen Wilhelm
von Preußen in
der Krupp-Siedlung
Altenhof, Juli 1902
(Ausschnitt)

verantwortlich gemacht. Wegen »nichtsnut-
ziger Streiche« durften die Söhne des Ersten
Kochs nicht mehr durch den Hügelpark zur
Schule gehen – der jüngeren Tochter blieb
es erlaubt.[81] Auf dem Platz vor der Konsumanstalt am Brandenbusch war das Spielen
verboten, in den Gärten dahinter mussten die
Kinder beaufsichtigt werden.

Erwachsene hielten sich auch nicht immer an die Regeln: Im Wäldchen am Brandenbusch wurde heimlich Müll entsorgt und
dort liefen Hühner frei herum, obwohl ihre
Haltung nur in geschlossenen Räumen erlaubt war. Der Sohn eines Arbeiters handelte
in der väterlichen Wohnung mit Eiern und
Butter. Es kamen Nachbarschaftsstreitig-
keiten vor, die zuweilen so eskalierten, dass
die Verwaltung als Beschwerdestelle und
Schiedsrichter angeschrieben wurde.

Trotz solcher Konflikte finden sich während des Kaiserreichs kaum Kündigungen.
Erst in den 1920er-Jahren wurde manches
problematischer: Es erfolgten öfter Miet-

Beamtenhaus I,
um 1952

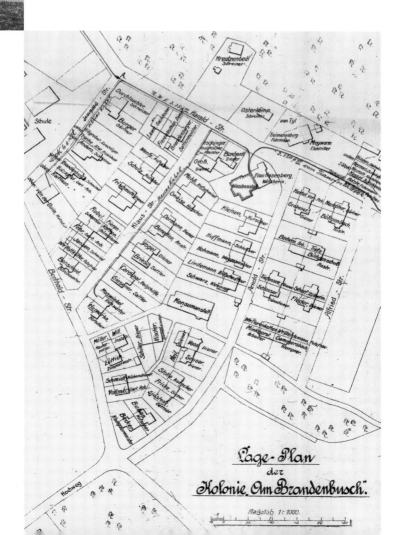

Lage-Plan
der
Kolonie "Am Brandenbusch".

Maßstab 1 : 1000.

Küche im Wohnhaus
von Hausmeister
Theodor Herms, um
1910

erhöhungen, die Hügelverwaltung drohte bei
Untervermietungen konsequenter mit Kündigung und es mehrten sich Fälle, in denen
entlassene Hügelbeschäftigte wegen Arbeitslosigkeit oder schlechter Beschäftigungs-
lage in Mietrückstand gerieten. Das größte
Problem für die Hügelverwaltung waren die
Folgen des Stellenabbaus: Viele Wohnungen
wurden von entlassenen oder pensionierten
»Hügelanern« bewohnt, während noch aktive
oder neu einzustellende Beschäftigte weite
Anfahrtswege hatten. Ende 1927 wohnten
22 Pensionäre, 29 Entlassene und fünf Witwen in Hügelwohnungen.[82] Freier Wohn-
raum war wieder einmal knapp geworden
und entsprechend begehrt. So entstand ein
Dilemma: Einerseits bestand der patriarcha-
lische Grundsatz, Hügel-Rentnern nicht zu
kündigen, andererseits bestand ein Eigen-
interesse des Arbeitgebers, neuen Beschäftigten attraktive Wohnungen in der Nähe
der Villa anbieten zu können. Ab 1938 hatten
Mieter auf dem Hügel vermehrt mit Kündigungen und Räumungsklagen zu kämpfen.

Treppenhaus im
Bootshaus Hügel,
1899

Kinder der Siedlung
Am Brandenbusch,
um 1900

An der Ruhr,
um 1900

Kurzes Feierabend-Glück

Auf dem Hügel galten lange Arbeitszeiten. Arbeiter und Handwerker hatten einen 10,5-Stundentag. Laut Bekanntmachung der Hügelverwaltung vom 22. März 1890 begann ihre Arbeit um 6 Uhr und endete um 19 Uhr. Es gab drei Pausen: Frühstück von 8 bis 8.30 Uhr, Mittag 12 bis 13.30 Uhr, Nachmittagskaffee 16 bis 16.30 Uhr.[83] Das Hauspersonal hatte gleitende Arbeitszeiten, die sich nach »den Ansprüchen der Herrschaften und Gäste« richteten. Nicht selten endete der Dienst erst, wenn die Familie Krupp zu Bett gegangen war.[84] Selbst in der Weimarer Republik galt der damals neu festgelegte Achtstundentag nicht überall: 1925 arbeitete man in den Hügelbetrieben 56 Stunden pro Woche, in den Büros 48 Stunden.[85] Während des Zweiten Weltkrieges, als zunehmend Personalmangel herrschte, wuchs die Arbeitsbelastung: 1944 war die 60-Stundenwoche in

Kegelbahn im
Beamtenkasino,
um 1900

Bootshaus Hügel,
Postkarte um 1900

allen Bereichen üblich, und das Privatsekretariat musste sogar sonntags zwischen 8 und
10.30 Uhr besetzt sein.[86]

Wo so lange gearbeitet wurde, blieb nicht
allzu viel freie Zeit. Die Akten im Historischen
Archiv Krupp verraten nur wenig über die
Freizeitaktivitäten und -interessen der Hügel-
beschäftigten: Musik hören und Musizieren
gehörten zweifellos dazu. Schlosser Heinrich
Reitgen spielte in seiner Freizeit im Instru-
mentalverein Krupp'scher Werksangehöri-
ger, Buchhalter Heinrich Fennekold war ein
passionierter Hobbygeiger, Fuhrmann Josef
Heimannsberg dirigierte einen Gesangsver-
ein und leitete den Festchor mit rund 50
Hügelbediensteten, der bei der Hochzeit von
Bertha Krupp mit Gustav von Bohlen und
Halbach Volkslieder sang. Schlossermeister
Hermann Oberbarnscheidt arbeitete neben-

her als Chorleiter und Organist, und Gartenarbeiter Franz Holzapfel spielte bei Hochzeiten die Zither.

Möglichkeiten zur Geselligkeit boten
auch der Kasinoraum und die Kegelbahn, die
schon von Friedrich Alfred Krupp für Hügel-
beamte bzw. leitende Angestellte eingerichtet worden waren. Weniger exklusiv war der
winterliche Spaß auf dem zugefrorenen Teich
im östlichen Teil des Parks oder auf der Bahn
am Bootshaus, wo man Schlittschuh laufen
konnte. Neben den Beamtenfamilien sah man
hier auch Haus- und Stallpersonal, Gärtnergehilfen und andere Bewohner des Hügels.
Die Arbeiterschaft war jedoch ausgeschlossen,
und der Teich im westlichen Parkteil
blieb ausschließlich für die Herrschaft reser-
viert.[87] Auch zur Krupp'schen Badeanstalt an
der Ruhr waren Arbeiter im Kaiserreich nicht
zugelassen; diese Diskriminierung endete
erst in der Weimarer Republik.

Um 1900, so erinnert sich die Köchin
Katharina Fierenkothen, habe man bei Abwe-
senheit der Herrschaft, gemeint war in diesem Fall Margarethe Krupp, »lustige Abende

»Hügel a.d. Ruhr«,
Postkarte 1912

Aufenthaltsraum
im Stall, 1899

im Souterrain« gehabt. Auch sei sie an schö-
nen Sommerabenden auf dem Teich Kahn
gefahren und habe die Nachtigallen be-
lauscht. Bei schlechtem Wetter waren die
»Mädchen« im »Gesellschaftssalon« unter
sich. Sie spielten Karten, beschäftigten sich
mit der »Wahrsagerei« und nutzten den
»Odeonapparat« mit den von Frau Krupp für
sie ausgesuchten Platten. Am liebsten hör-
ten sie »Walzer von Strauß«. War Frau Krupp
zu Hause, hätten die Mädchen meist für
die Wäscheaussteuer genäht und gestrickt –
»um unsere Brautkiste zu füllen«.[88] Derweil
verbrachten die Männer gemütliche Abende
im Billardzimmer. In der Villa Meineck, dem
Baden-Badener Domizil der Familie Krupp,
soll es auch »Kasinoabende« gegeben haben,
mit Wein und Zither-Musik, gemeinsamem
Gesang, Spiel und sogar Tanz. Auf dem Hügel
fanden auch Weihnachtsfeiern mit Besche-

Geburtstagsfeier,
um 1940

links: Köchinnen bei
einer Bootsfahrt
auf dem Hügelteich,
um 1905

rung fürs Personal und Verlosungen statt, es
wurde Wein getrunken und gesungen. Verklärt blickt die Köchin Fierenkothen auf ihre
Hügel-Zeit zurück: »das Personal wechselte
sehr wenig, weil dort alles schön und gut war,
und besonders die Herrschaften haben ihr
Personal nie stolz und unnahbar behandelt,
stets freundlich«.

Pause für Mitarbeite-
rinnen des Lazaretts
im Bootshaus, um
1916

Angestellte mit Alfried und
Claus von Bohlen und
Halbach vor dem Ausreiten,
1914

Arbeitsbeziehungen

Gehälter und Privilegien

Gutes Geld und große Unterschiede

Monogramm von Hausmeister Theodor Herms, um 1900

Ein wichtiges Moment in den Beziehungen zwischen Herrschaft und Bediensteten ist das Geld, konkret: das Gehalt. Bis zum Ende des Ersten Weltkrieges gab es auf dem Hügel kaum Konflikte bei Gehaltsfragen. Das Unternehmen wuchs, Krupp zahlte gute Löhne und bewilligte regelmäßig Gehaltserhöhungen. Die Gehälter wurden jeweils vor dem 1. Juli individuell geprüft, »um etwa nothwendige Aufbesserungen« zum Beginn des neuen Geschäftsjahres vorzunehmen.[89] Dabei galt es als Vorrecht des Arbeitgebers, hier die Initiative zu ergreifen. Dass einzelne Angestellte von sich aus um Gehaltserhöhung baten und ihre Unzufriedenheit formulierten, blieb eine sehr seltene Ausnahme. Das Gehaltsgefüge und die Lohngerechtigkeit wurden kaum in Frage gestellt. Besonders privilegiert war, wer Mitte der 1890er-Jahre ein Jahresgehalt von mehr als 2.000 Mark erhielt, denn das war die Bedingung für die begehrte Aufnahme in die Krupp'sche Beamten-Pensions-, Witwen- und Waisenkasse. Zur Erinnerung: Der Verdienst eines Krupp'schen Fabrikarbeiters lag damals bei etwa 1.000 Mark. Angestellte erhielten ihr Gehalt im Übrigen monatlich und meist im Voraus. Wer vor allem körperlich arbeitete, empfing seinen Lohn in der Regel wöchentlich.

Sozialer Aufstieg schien auf dem Hügel möglich, die Grenze zwischen Arbeiter- und Angestelltenwelt war nicht gänzlich undurchlässig. Vor allem langjährige, geschätzte und von ihrem Vorgesetzten protegierte Bedienstete konnten Jahresgehälter vom Niveau eines Angestellten erreichen: 1902 verdiente der Erste Diener Friedrich Hirschfeld

2.500 Mark im Jahr, hinzu kamen 180 Mark »Montierungsgeld« für Livree und Dienstuniform sowie freie Beköstigung im Wert von 320 Mark. So kam er letztlich auf das gleiche Jahresgehalt wie Privatsekretär Otto Marotz. In dieser Zeit lagen die Durchschnittseinkommen der Arbeitnehmer in Deutschland bei knapp 800 Mark.[90] Das beste Beispiel dafür, welche Aufstiegschancen der Hügel in Ausnahmefällen bot, war Hausmeister Theodor Herms: 1858 in Eckernförde geboren, hatte Herms bis zum 14. Lebensjahr die Volksschule besucht und sich nach einer Kellnerlehre bis zum Oberkellner im einem Kölner Grandhotel hochgearbeitet, bevor ihn Alfred Krupp 1883 auf den Hügel holte.

Gehaltserhöhung für den Stallmeister Wilhelm Köhler, 9. Juli 1884

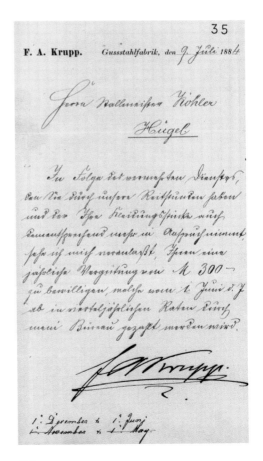

1902 bekam er dort 4.500 Mark im Jahr plus Sachleistungen im Wert von 1.900 Mark. Damit stand der Hausmeister im Gehaltsgefüge des Hügels an fünfter Stelle.

Allerdings waren solche Karrieren nicht repräsentativ und die Einkommen in den untergeordneten Positionen des Haushalts meist weniger üppig: Um die Jahrhundertwende verdienten Dienstmägde nur 120 bis 180 Mark, allerdings kamen Sachleistungen wie freie Kost und Logis hinzu. Diener bekamen 360 bis 1.320 Mark, eine Haushälterin 720 Mark, Pferdeknechte zwischen 1.200 und 1.320 Mark im Jahr. Höher war die Entlohnung im Verwaltungsbereich: Karl Bernsau, der Leiter der Hügelverwaltung, verdiente 9.000 Mark, dazu Sachbezüge wie die freie Wohnung im Wert von 1.500 Mark. Die Spanne der Gehälter war also beträchtlich.

Bauarbeiten an den
Stallungen, um 1890
(Ausschnitt)

Wohnung von
Hausmeister
Theodor Herms,
um 1910

Naturalien und Trinkgelder

Ein Privileg der Hügel-Bediensteten waren die besonders zahlreichen Sachleistungen – vor allem in der Zeit des Kaiserreichs. Jäger und Förster konnten ihr Salär mit »Schussgeldern« aufbessern. Bei Margarethe Krupps Forstaufsehern waren das jährlich 600 bis 800 Mark. Rund 500 Mark »Montierungsgeld« veranschlagte Krupp pro Jahr für die Livreen oder Dienstuniformen von Reisekurier, Haus- und Stallmeister. Eine Beamtenfamilie erhielt 1908 Gemüse und Obst im Wert von etwa 900 Mark. Die Menge muss erheblich gewesen sein: Bekam man doch noch zur Jahrhundertwende ein Pfund Äpfel für fünf bis sieben Pfennige, dieselbe Menge Birnen kosteten bestenfalls 20 und ein Pfund Zwetschgen wurde 1911 ebenfalls für 20 Pfennig verkauft.

Trinkgeldquittung für das Hauspersonal anlässlich des Kaiserbesuchs, 12. November 1896

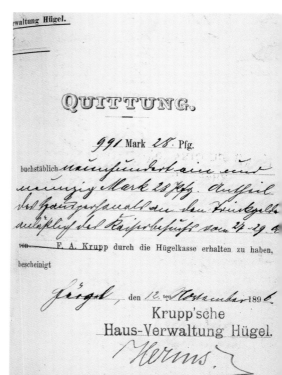

Aus einem privaten
Fotoalbum der Familie
Krupp, 1891

Zu den wertvollsten Sachleistungen gehörten
die freien Dienstwohnungen für den Leiter
der Hügelverwaltung, die Wirtschaftsvorstände, den Ersten Koch, die Aufseher der
beiden Arbeiterlogierhäuser und die Torpfört-
ner. Unverheiratete Gärtnergehilfen wohnten
seit 1890 in einem eigens für sie gebauten
Haus, wo ihnen Friedrich Alfred Krupp neben
Heizung und Beleuchtung auch eine Wirt-
schafterin und zwei Küchengehilfinnen bezahlte. Zudem gab es freie Kost und Logis für
das ledige Haus- und Stallpersonal. Dazu kam
eine unüberschaubare Zahl kleiner Zulagen.

Eine wichtige Einnahmequelle für das
Haus- und Stallpersonal bildeten darüber
hinaus die Trinkgelder. Die Gäste der Familie
Krupp hinterließen entweder eine größere
Summe für alle Bediensteten zusammen oder
gaben einzelnen ein persönliches Trinkgeld.
Diese »Douceurs« sollten vom Empfänger in

jedem Fall bei der Trinkgeldkasse des jeweiligen Betriebes abgeliefert werden. Es kamen beachtliche Summen zusammen: Der Besuch der Kaiserin Auguste Victoria und des Prinzen Heinrich im August 1896 brachte dem Hügel-Personal 1.500 Mark ein, der König von Siam gab ein Jahr später sogar 4.000 Mark. Bei solchen Beträgen konnte es durchaus zu Verteilungskonflikten kommen, weil das Hauspersonal in der Regel mehr persönliche Trinkgelder erhielt als etwa Kutscher und Reitknechte oder weil nicht alle persönlichen Trinkgelder abgeliefert wurden. Daher legten Reglements präzise fest, nach welchem Schlüssel Trinkgelder zwischen Haus-, Stall- und Fuhr-Personal verteilt werden sollten. Sie spiegelten Gehaltsgefüge und die Hierarchie auf dem Hügel wider.

Ähnliches galt für die Höhe der Tagegelder auf Dienstreisen. 1897 erhielten leitende Angestellte 15 Mark; Köche, Bautechniker, Sekretäre und Bürogehilfen 10 Mark; Handwerksmeister durften 7,50 Mark »liquidieren«, einfache Diener, Kutscher und Reitknechte fünf Mark. Nur wer zur ersten oder zweiten Kategorie gehörte, besaß auch das Vorrecht, auf Dienstreisen im Zug in der zweiten Klasse zu fahren. Gerade solche Privilegien ordneten die Welt der Hügelbeschäftigten, weil sie die Positionen in der Hierarchie der feinen Unterschiede klar markierten.

Hauptverwaltung Hügel

Wir suchen zum sofortigen Eintritt für unseren Geflügelhof einen Arbeitsjungen, der etwa 14—16 Jahre alt ist und nicht allzuweit vom Hügel entfernt wohnt.

Stellenanzeige in
der Krupp'schen
Werkszeitung,
15. März 1941

Namensliste von
Bediensteten, die
anlässlich des Be-
suchs der Kaiserin
Geschenke erhalten
sollten, Juni 1917

117

Zu Geschenken werden vorgeschlagen:

Christian Dorst.	Küchenmeister.	23 Dienstjahre	
Hans Gross.	I. Diener.	25 „	
Frl. Margarethe Rothe.	Haushälterin.	13 „	
Ludger Fierenkothen.	Diener.	24 „ *)	
Heinrich Grabener.	„	7 „	
Fritz Heiseler.	Oberchauffeur.	7 „	
Friedrich Nacke.	I. Kutscher.	26 „	
Gertrud Lotze.	Dienstmädchen.	4 „	
Sophie Heinz.	„	2 „	

*) Wenn von den beiden Dienern einer ausfallen muss, so
würde Herr Krupp von Bohlen und Halbach Wert darauf legen,
dass Fierenkothen bedacht wird.

Die »fetten Jahre« des Kaiserreichs hatten zur Folge, dass Löhne und Gehälter selten problematisiert wurden. Der Hügel blieb bis 1918 eine eigene Welt, in der Streiks und Tarifkonflikte keine Rolle spielten. Das änderte sich, als es nach dem Ersten Weltkrieg in vielen Staaten Europas zu revolutionären Erschütterungen kam. Im Deutschen Reich verstärkten Hunger und Entbehrung die Unzufriedenheit und am 9. November 1918 wurde die Republik ausgerufen. Bald sah sich die Hügel-

Geldumschlag,
1912

F.-Nr 55335
Name: Weidenfeld

Jubiläumsgeschenk
aus Anlaß der Hundertjahrfeier.

Hierin bar Mark 10.-

WA60/408

leitung gesetzlich gezwungen, Stellung zur Frage der neuen Arbeiter- und Angestelltenausschüsse zu beziehen, den Vorformen von Betriebsräten. Diese sollten in Betrieben mit mehr als 50 Beschäftigten gebildet werden. Außerdem wurde der Achtstundentag bei vollem Lohnausgleich eingeführt.

Hügelverwalter Karl Bernsau ging es damals vor allem darum, den Hügelbetrieb formal von der Gussstahlfabrik zu trennen und keine gemeinschaftlichen Wahlen der Beschäftigtenausschüsse zuzulassen. Getreu dem Motto »teile und herrsche« stand für ihn im Vordergrund, den Hügel in Lohn- und Gehaltsfragen sowie bei möglichem Stellenabbau unabhängig zu machen. Mit Direktoriumsmitglied Heinrich Vielhaber und Gustav Krupp verständigte er sich auf die Sprachregelung, der Hügelbetrieb sei »ein ins Große übertragener Haushalt«[91] und kein Teil des Unternehmens. Als die Gehaltszulagen der Hügelangestellten daraufhin tatsächlich niedriger ausfielen als die der Fabrikbeamten, die Hügelarbeiter aber ihren Kollegen in der Gussstahlfabrik gleichgestellt wurden, kam es im Januar 1920 zum ersten Mal in der Hügelgeschichte zu zaghaften Protesten. Der neu gewählte Angestelltenausschuss beklagte »Zurücksetzung« und »große Unzufriedenheit«, appellierte aber zugleich an die soziale Verantwortung und das Selbstverständnis Krupps als fürsorglicher Diensther.[92] Gustav Krupp ignorierte den Appell und sprach nicht einmal persönlich mit dem Angestelltenausschuss. Er ließ sich durch Bernsau vertreten. Da keiner der Hügelangestellten im Arbeitskampf erprobt und gewerkschaftlich organisiert war, verpuffte der ohnmächtige Ärger bald und blieb fast folgenlos.

Einladung zur Versammlung von Beamten und Angestellten des Hügels, 17. Oktober 1919

Einladung.

Am Freitag, den 17. Oktober 1919, abends 8 Uhr, findet im Lokal "Ruhrstein" eine Versammlung der Beamten und Angestellten des Hügel statt, in der über die Organisierung der Beamten und Angestellten des Hügel unter Anschlus an den V.K.B. beraten werden soll. Sämtliche Beamte und Angestellten des Hügel sind zu dieser Versammlung freundlichst eingeladen.

I. A.
gez. Mengel. gez. Toenges.

Die Probleme verschärften sich nochmals: Spätestens mit der Hyperinflation und der Ruhrbesetzung im Jahre 1923 geriet der Krupp-Konzern in die schwerste Krise seit den frühen 1870er-Jahren. Im Sommer 1923 zahlte die Gussstahlfabrik wegen der beinahe stündlichen Geldentwertung wöchentliche Abschlagszahlungen und ging dazu über, einen Teil des Lohnes in Sachleistungen abzugeben. Im November des Jahres betrug der höchste Wert eines Geldscheins 100 Billionen Mark (100.000.000.000.000). Zur Abwicklung des Zahlungsverkehrs benötigte man riesige Mengen an Scheinen. Spareinlagen wurden in Rekordzeit entwertet, Pensionskassen kurzerhand geschlossen. Was den Pensionären noch gewährt wurde, zahlte die Firma Krupp aus eigenen Mitteln. Natürlich traf die Finanz- und Wirtschaftskrise auch den Hügel hart. In dieser Situation bemühte sich Gustav Krupp, den inzwischen

Notgeldschein
der Firma Krupp,
1923

Streikversammlung der Belegschaft der Krupp-Werke auf dem Burgplatz in Essen, 5. April 1919

61-jährigen Karl Bernsau, der bald 28 Jahre die Hügelverwaltung leitete, abzusichern. Neben seinen Pensionsbezügen wurde Bernsau eine besondere, von der Länge seiner Dienstzeit unabhängige Zulage zugestanden, »die auf Grund des Betrages von sechshundert Goldmark jährlich berechnet werden« sollte.[93]

Der Wert einer Arbeit und gerechte Entlohnung waren nicht nur in dieser wirtschaftlich und politisch äußerst schwierigen Zeit strittige Themen. Eindeutig zeigt sich dagegen die finanzielle Benachteiligung von Frauen – generell und auf dem Hügel. Die Hauslehrerin Charlotte von Trotha beispielsweise hatte 1920 ein jährliches Grundgehalt von 3.360 Mark, ihr Kollege Wilhelm Maag bekam 7.860 Mark.[94] Auch das indirekte Gehalt wurde ungleich veranschlagt: Von Trotha erhielt 1.200 Mark Teuerungszulage, Maag mit 2.760 Mark mehr als das Doppelte. Ihre »freie Station« wurde mit 2.000 Mark veranschlagt, seine mit 3.000 Mark. Nur beim Kleidergeld war die Hauslehrerin mit 1.000 Mark deutlich besser gestellt. Obwohl beide für das höhere Lehramt an Gymnasien bzw. Lyzeen ausgebildet waren und vergleichbare Arbeit leisteten, verdiente Maag also gut 6.000 Mark mehr im Jahr. Die Hügelverwaltung orientierte sich bei dieser Entlohnung an den Einkommensverhältnissen im öffentlichen Schuldienst.

Den Gürtel enger schnallen

Im Oktober 1929 markierte der »schwarze Freitag« an der Wall Street den Beginn einer ebenso langen wie tiefen Weltwirtschaftskrise. Millionen wurden arbeitslos, und in der Politik erfuhren die Extremisten massiven Zulauf. Die Firma Krupp rutschte abermals in eine existenzbedrohende Krise. Davon blieb das Leben auf dem Hügel nicht unberührt. 1932 zog die Familie Krupp vom Haupthaus in das Kleine Haus der Villa Hügel um, in dem bis zu ihrem Tod 1931 Margarethe Krupp gewohnt hatte. Es galt in diesen Jahren, die Kosten vorübergehend zu reduzieren. Durch Entlassungen, den Wechsel einiger Feuerwehrmänner zur Gussstahlfabrik und

Luftschiff »Hindenburg« über der Villa Hügel, 18. Juni 1936

Kinder der Familie Krupp, um 1933. Von links: Eckbert, Waldtraut, Harald, Berthold, Irmgard, Claus, Alfried

Einsparungen beim Gehalt der leitenden Angestellten wurden die jährlichen Aufwendungen für die Gehälter von rund 236.000 auf etwa 222.000 Reichsmark gesenkt.[95] Für Teile der Dienerschaft, das Stallpersonal – »mit Ausnahme der Unverheirateten, die mit freier Station angestellt« waren[96] – und das Personal der Kraftwagenhalle entfiel die freie Verpflegung aus der herrschaftlichen Küche. Der Verlust wurde entweder gar nicht oder durch Barzulagen in unterschiedlicher Höhe kompensiert. Sogar die 30 Pfennige für den »Nachmittags-Kaffee« des Hauspost-Boten und seines Fahrers wurden nun gestrichen.

Mitte der 1930er-Jahre wuchs die Unzufriedenheit der Hügelangestellten: Seit Jahren warteten sie auf Gehaltserhöhungen, die Mieten für ihre Wohnungen waren gestiegen und es hatte nur einen Ausgleich für das früher kostenlose Licht und Gas gegeben. Zudem wurde geklagt, dass »dauernd länger gearbeitet« und zum Teil sogar auf Urlaub verzichtet wurde. Vor diesem Hintergrund verglich man sich mit den Angestellten der

Krupp'schen Fabrik und fühlte sich benachteiligt, weil dort – so die subjektive Wahrnehmung – »alle Jahre« Gehaltserhöhungen bewilligt würden.[97] Daraufhin wurden viele Monatsgehälter zum 1. Juli 1936 moderat erhöht, im Durchschnitt um 20 Reichsmark.

Während Krupp vor dem Ausbruch des Zweiten Weltkrieges noch relativ frei in seiner Gehaltspolitik auf dem Hügel entscheiden konnte, verlor er als Arbeitgeber in der Kriegswirtschaft ab 1939 zunehmend an Einfluss. Gehaltserhöhungen mussten nun vom Reichstreuhänder der Arbeit für das Wirtschaftsgebiet Westfalen/Niederrhein genehmigt werden und konnten an allgemeinen Lohnstoppverordnungen scheitern.

Hausmädchen bei der Arbeit, Sommer 1940

Fürsorge und Misstrauen

Zwischen Nähe und Distanz

Über die finanzielle Versorgung und Absicherung hinaus war es für die Familie Krupp nicht immer einfach, die richtige Balance zwischen Nähe und Distanz zu ihren Bediensteten zu finden. Bei der großen Zahl an Beschäftigten konnte man sich unmöglich alle Namen und Gesichter merken, von persönlichen Lebensgeschichten ganz zu schweigen. Reichtum, die Größe der Villa und die luxuriöse Lebensführung erhöhten zudem die soziale Kluft und trennten die Sphären des herrschaftlichen Wohnens und der Arbeit auf dem Hügel sehr viel deutlicher als in Mietwohnungen oder Häusern, wo Bürgerfamilien relativ eng mit wenigen Dienstboten zusammen wohnten. Umso wichtiger war es für die Glaubwürdigkeit der Herrschaft auf dem Hügel, persönliche Nähe zuweilen demonstrativ zu zeigen: Alltägliche Gelegenheiten wurden genutzt, um das kurze persönliche Gespräch mit Beschäftigten zu suchen: beim sonntäglichen Gottesdienst vor der Kirche, beim Ausritt, bei Visiten in den Wohnungen oder am Arbeitsplatz, beim festlichen Empfang von Dienstjubilaren, bei Wohltätigkeitsbesuchen oder als Ehrengast bei Goldenen Hochzeiten. Solche Beweise freundlichen Interesses waren meist Routine und Pflichterfüllung.

Aber es gab auch andere Beziehungen. Margarethe Brandt war so ein Fall.[98] Sie wurde ursprünglich als Lehrerin für Bertha und Barbara Krupp eingestellt und von ihren ehemaligen Schülerinnen auch später noch

»Frl. Brandt
in erhöhter Stellung«,
Juni 1900

Gesellschafterin Margarethe Brandt mit ihrer Schwester Susanne, Juli 1892

geduzt. Als Gesellschafterin und freund-
schaftliche Ratgeberin von Margarethe
Krupp blieb sie auf dem Hügel wohnen. Auch
Charlotte von Trotha fühlte sich vor allem
zu Margarethe Krupp hingezogen.[99] Als
unverheiratete Tochter aus einer verarmten
Adelsfamilie hatte von Trotha früh ihre gute
Erziehung, geschliffene Umgangsformen
und Bildung zum Beruf gemacht. Als Hauslehrerin mit gesellschaftlichen Pflichten
war sie Teil einer bürgerlich-adeligen Ober-
schichtenkultur, die mit dem Ende des wil-
helminischen Kaiserreichs vielerorts verloren
ging, auf dem Hügel aber noch ein Refugium
hatte. Auch Margarethe Krupp selbst stand
für diese Welt im Übergang. Vor ihrer Heirat
war sie Erzieherin am Hof des Herzogs von
Anhalt in Dessau gewesen. Die »alte Dame«,
so von Trotha rückblickend, »wusste, wie es
einem zumute ist in so einer Stellung«, und

entsprechend »zu Hause« habe sie sich bei ihr im Kleinen Haus der Villa gefühlt.[100] Zu ihrer eigentlichen Arbeitgeberin, Bertha Krupp, die von Trotha 1918 für ihre Kinder engagiert hatte, war das Verhältnis anscheinend nicht ganz so eng, aber doch so vertrauensvoll, dass in Briefen zuweilen die kindliche Koseform »Atota« benutzt wurde. Als Charlotte von Trotha schließlich kündigen musste, weil ihre Mutter krank und pflegebedürftig wurde, zeigte sich ihre Dienstherrin in Urlaubs- und Gehaltsfragen sehr großzügig.

Am nächsten stand Bertha Krupp aber wohl ihre eigene Kinderpflegerin, Maria Garschagen, die auf dem Hügel nur Anna genannt wurde.[101] 1906 erhielt sie zur Hochzeit ihrer »lieben Bertha« als Auszeichnung eine Brosche geschenkt, im Vorschlag zu dieser kaiserlichen Auszeichnung hieß es: »Diese alte selten brave Person steht dem Herzen der Braut Fräulein Bertha Krupp sehr nahe. [...] keine andere Auszeichnung würde der Familie Krupp größere Freude bereiten als diese.«[102] Der Kontakt zu der alten Dame brach auch später nicht ab und blieb für Bertha Krupp so wichtig, dass sie Garschagen

Kindermädchen Anna Garschagen im Hügelpark, 1904

Die 91-jährige Anna Garschagen mit Eckbert von Bohlen und Halbach, 1928

Grabstein für Anna Garschagen, 1929

nach dem Ende des Ersten Weltkrieges einlud, für den Rest ihres Lebens auf dem Hügel zu wohnen. Obwohl die 84-Jährige zu diesem Zeitpunkt durchaus nicht arm war – im Mai 1919 besaß sie festverzinsliche Papiere im Wert von knapp 14.700 Mark – erhielt sie eine »kleinere Beamtenwohnung« mit vier Zimmern und Verpflegung, ohne dafür zahlen zu müssen. Als Garschagen schließlich im hohen Alter von 94 Jahren auf dem Hügel starb, endete für Bertha Krupp eine 43 Jahre dauernde Beziehung, von deren Bedeutung auch die ausgewählte Grabinschrift zeugt: »Ich will euch tragen bis ins Alter und bis ihr grau werdet.«

Intensive Beziehungen gab es nicht nur zwischen Frauen, bei den Männern waren sie aber wohl seltener und anders geartet. Alfred Krupp verstand Treue vor allem als Bringschuld des Bediensteten, er verlangte volles Vertrauen ohne es selbst zu geben. Stattdessen betonte er immer wieder, dass neben Güte und Gerechtigkeit auch Strenge und Kontrolle notwendig seien. Entsprechend legte er nicht nur größten Wert auf rechtsgültige Arbeitsverträge und verbindliche Dienstordnungen, sondern überwachte deren Einhaltung auch persönlich bis ins Detail.

Im Gegensatz zu seinem misstrauischen Vater scheint Friedrich Alfred Krupp als Dienstherr leutseliger, jovialer gewesen zu sein, und eher bereit, einen gewissen Vertrauensvorschuss zu geben, ebenso wie großzügige Geschenke. Die Legate, die nach seinem Tod an viele Hügelbeschäftigte verteilt wurden, sollten diese Großzügigkeit bezeugen und im kollektiven Gedächtnis der Hügelbeschäftigten verankern.[103] Die Summen waren immens, nach heutigen Begriffen handelte es sich um Millionenbeträge: An 80 Männer und 28 Frauen gingen Zahlungen zwischen 300 und 150.000 Mark, fein abgestuft nach Funktionen, der Nähe zum Dienstherrn und wohl auch nach Sympathie. Die meisten erhielten ein Mehrfaches ihres Jahreslohns. Vergleicht man Friedrich Alfred Krupp mit dem schon zu Lebzeiten überhöhten Vater, darf man diese Freigiebigkeit und eine gewisse Verbindlichkeit im persönlichen Umgang aber nicht mit mangelnder Durchsetzungskraft verwechseln.[104] Im Gegenteil, er achtete sehr auf persönliche Loyalität und schickte langjährige

Margarethe Krupp (mit Handtasche) besucht das Goldhochzeitspaar Gebhardt in der Krupp-Siedlung Altenhof, 2. September 1926

leitende Angestellte seines Vaters in den vorzeitigen Ruhestand, um stattdessen seine eigene Führungsriege zu etablieren.

Der eingeheiratete Gustav Krupp war in dieser Hinsicht zurückhaltender und übernahm das alte Hügelpersonal. Er orientierte sich in seinen Beziehungen zu den Bediensteten vor allem am Leistungsprinzip. Hügeldirektor Karl Bernsau gegenüber machte er keinen Hehl daraus, dass er die Belohnung langer Dienstzeiten durch Gehaltserhöhungen und Beförderungen eigentlich ablehnte:

»Ein Jeder – ob Beamter oder Arbeiter – muss wissen, dass von ihm Leistungen verlangt werden, nicht nur ein Absitzen seiner Bureaustunden oder äusseres Einhalten der Arbeitsstunden [...]. Eine lange Dienstzeit ist nicht [...] an und für sich in meinen Augen ein Verdienst: wie Viele werden aus einer Art von Mitleid mitgeschleppt! Milde und Barmherzigkeit ist genug zu üben, aber sie darf nicht zur Ungerechtigkeit werden zu Gunsten von Nichtsthuern noch zum Schaden der Fleissigen.«[105]

Doch Gustav Krupp hatte auch eine andere Seite, insbesondere wenn er auf seinem österreichischen Landsitz Blühnbach war. So berichtet Charlotte von Trotha, das er dort »auftaute«, »menschlich«, »reizend« und »nicht mehr wiederzuerkennen« war.[106] Auch in Notsituationen half er großzügiger, als seine Polemik gegen zu viel »Milde und Barmherzigkeit« vermuten ließe.

»Durch Anhänglichkeit will ich Ihnen bis an mein Lebensende beweisen, wie tief mein Dankesgefühl für Sie und Ihre verehrten Familienmitglieder geht.«[107] Hanni Lintz hatte gute Gründe, Dankbarkeit zu zeigen und Treue zu versprechen. Als ihr Mann, der Direktor der Hügelverwaltung Ernst Lintz, 1938 starb, hinterließ er Schulden in Höhe von rund 10.000 Reichsmark, offenbar wegen hoher Krankheitskosten. Gustav Krupp hatte Lintz schon früher mit Geldgeschenken und

25-jähriges Dienst-jubiläum eines Kochs, vemutlich Charles Vinariczky, 1908

Programmheft zur Jubilarfeier, 23. Februar 1919

FEIER
ZUR EHRUNG
KRUPPSCHER
JUBILARE
SONNTAG, 23. FEBR. 1919,
VORMITTAGS 11 UHR, IN
DER FRIEDRICHSHALLE
(KAUPENHÖHE)

Vorschüssen unterstützt, nun bewilligte er erneut die enorme Summe von 20.000 Reichsmark – gemessen an heutiger Kaufkraft mehr als 80.000 Euro – und übernahm zudem wenig später die Internatskosten für den jüngsten Sohn. Krupp ging es nicht nur um Schuldentilgung, sondern um nachhaltige Hilfe und Großzügigkeit im Sinne der auf Führsorge ausgerichteten Familientradition. So hätte es auch kein gutes Licht auf Krupp geworfen, die bürgerliche Familie des verstorbenen Hügeldirektors dem gesellschaftlichen Abstieg preiszugeben.

Um Geld gebeten zu werden, war für die Familie Krupp keine Besonderheit, es gehörte zu ihrem Selbstverständnis als Arbeitgeber. Reichtum verpflichtete, und nahezu tagtäg-

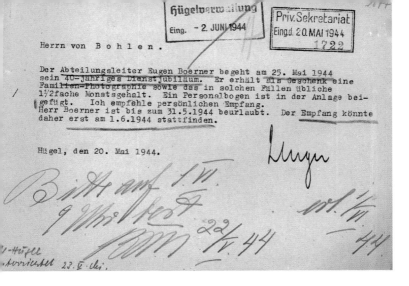

hügelverwaltung
Eing. - 2. JUNI 1944

Priv.Sekretariat
Eing.d. 2 0. MAI 1944
1722

Herrn von B o h l e n .

Der Abteilungsleiter Eugen Boerner begeht am 25. Mai 1944 sein 40-jähriges Dienstjubiläum. Er erhält als Geschenk eine Familien-Photographie sowie das in solchen Fällen übliche 1½fache Monatsgehalt. Ein Personalbogen ist in der Anlage beigefügt. Ich empfehle persönlichen Empfang. Herr Boerner ist bis zum 31.5.1944 beurlaubt. Der Empfang könnte daher erst am 1.6.1944 stattfinden.

Hügel, den 20. Mai 1944.

Gustav Krupp
empfängt Eugen
Boerner zum
40-jährigen
Dienstjubiläum,
20. Mai 1944

Krupp-Familien-
porträt mit
Widmung, 1936

lich kamen Bittgesuche, die an die Wohltätigkeit der Krupps appellierten. Ein moralisches Dilemma trat auf: Da war einerseits der hohe Anspruch, den Angaben persönlich bekannter Bittsteller zu vertrauen. Aber ihre Bedürftigkeit zu kontrollieren, erschien andererseits ein Gebot der Vernunft zu sein.

Fast jedes Unterstützungsgesuch wurde auf seinen Wahrheitsgehalt geprüft, und die Flut von Bittbriefen führte zur Bürokratisierung solcher Bedürftigkeitsprüfungen, aber auf der anderen Seite gab es auch echte Anteilnahme und bemerkenswerte Großzügigkeit. Häufig fehlte die persönliche Nähe, vieles konnte nur nach Aktenlage entschieden werden und landete letztendlich beim Leiter der Hügelverwaltung. Er hatte alle Entscheidungen vorzubereiten, sprach Empfehlungen und Warnungen aus, schrieb ablehnende oder positive Bescheide, war verantwortlich für die gesamte Verwaltung des Geschäftsgangs und hatte die Akten in regelmäßigen Abständen zur Kenntnisnahme vorzulegen.[108] Aus heutiger Sicht erscheint diese Schenkkultur vielleicht als zwiespältige Praxis: Als Geste der Anteilnahme und des Abgebens näherte sie beide Seiten einander an und entfernte sie zugleich voneinander, weil die soziale Geste ›von oben nach unten‹ Überlegenheit und Abhängigkeit bekräftigte.

Die Hügelbeschäftigten sahen darin kein Problem, vielmehr beweist die Rhetorik ihrer Bittbriefe, dass sie durchaus in der Lage waren, die Familien-Ideale gezielt anzusprechen und zu ihrem Vorteil zu nutzen.

Ein wiederkehrender Anlass, persönliche Nähe und Verbundenheit durch den Akt des Schenkens zu demonstrieren, waren die zahlreichen Dienstjubiläen. In der Regel bestand die Zuwendung aus einem Monatsgehalt und manchmal auch einer Uhr oder Brosche. Darüber hinaus legte gerade Gustav Krupp Wert auf die persönliche Übergabe eines Bildes seiner Familie: ein Andenken, das auf die Tradition als Familienunternehmen anspielte und an eine lange »gemeinsame« Zeit auf dem Hügel erinnern sollte. Dieses obligatorische Familienbild war natürlich ein Massenartikel und kein individuelles Geschenk. Wir wissen nicht, was die Beschenkten über ihren persönlichen Empfang beim Chef und diese symbolische Gabe dachten. Das Geldgeschenk dürfte jedenfalls fest eingeplant gewesen sein, weil es Tradition hatte und über Generationen hinweg zu einem gewohnheitsrechtlichen Anspruch geworden war.

Bertha Krupp überreicht der Hausangestellten Clara Bechem zum Dienstjubiläum eine Familienfotografie, 1954

Schicksalsschläge

Hinter jeder Bitte stand ein mehr oder weniger hartes Schicksal: Manchen ging es um eine regelmäßige Unterstützung zu Weihnachten, ein Geldgeschenk zum runden Geburtstag oder die »Bitte, beim Ablegen eines warmen Mantels oder Kleides« an eine Bittstellerin zu denken.[109] Andere hatten größere Probleme: Die Übernahme von Kurkosten durch Krupp konnte zum Beispiel auf eine ernsthafte Erkrankung, drohende Invalidität oder vorzeitige Pensionierung hindeuten. In der Weimarer Zeit häuften sich zudem die Bittbriefe ehemaliger und »abgebauter« Hügelbeschäftigter, die von Arbeitslosigkeit

140

und häufigen Stellenwechseln, Inflation und Verschuldung berichteten und an die freiwillige Fürsorge der Familie appellierten.

Weit tragischer als solche wirtschaftlichen Notlagen war der Tod des Chauffeurs Leo Andres, der am 15. November 1925 als Beifahrer bei einem Autounfall ums Leben gekommen war: Gustav Krupp hatte seinen »offenen 95 PS Mercedes-Wagen« auf einer winterlichen Überlandfahrt selbst gesteuert und die Kontrolle verloren, nachdem bei etwa 60 km/h der Ballonreifen des rechten Vorderrades geplatzt war. Er und seine Frau wurden verletzt, sein Chauffeur starb noch am Unfallort.[110]

In seinem Kondolenzbrief an die Witwe Auguste Andres schrieb Krupp, ihr Mann sei ihm und seiner Familie »in den letzten unruhigen Jahren ein wahrer Freund« gewesen, der »zur Seite stand, wo er nur konnte.«[111] Auch die Kranzschleife sprach vom »treuen Freund der ganzen Familie«, und Gustav und Bertha Krupp betonten in zahlreichen Briefen, dass ihnen ihr langjähriger Chauffeur »persönlich besonders nahestand«. Der Schock der Familie Krupp war groß und ihre Betroffenheit glaubwürdig, dennoch war mit dem Begriff Freundschaft keine Beziehung auf Augenhöhe gemeint, auch kein tiefer gehendes Interesse. Es blieb ein Verhältnis zwischen fürsorglichem Dienstherrn und treuem Angestellten. Gustav Krupp übernahm die Beerdigungskosten, unterstützte die Witwe Andres, indem sie mietfrei auf dem Hügel wohnen bleiben durfte und zusätzlich 100 Reichsmark im Monat bekam. Allerdings wurde diese Unterstützungsbewilligung zunächst auf drei Jahre befristet, denn eine mögliche erneute Heirat hätte die finanziellen Verhältnisse der Frau verbessert und auch die symbolische Beziehung zum ersten Ehemann unterbrochen. Nach Ablauf der Drei-Jahres-Frist sollte Auguste Andres für ihre alte Hügelwohnung dann die halbe Monatsmiete bezahlen, ein Jahr darauf berechnete die Hügelverwaltung bereits 90 Prozent. Da man die attraktive Dienstwohnung für andere Hügelangestellte brauchte, bot man ihr im März 1931 eine Ersatzwohnung an und forderte sie auf, die bisherige zu räumen. Die Geschichte endete als Fall für die Rechtsanwälte. Krupp und Andres einigten sich schließlich außergerichtlich: Die Witwe zog aus und wurde endgültig abgefunden, mit einer einmaligen Zahlung von 12.000 Reichsmark. Eine Summe, für die ihr Mann etwa vier Jahre in seinem Beruf hätte arbeiten müssen.

Witwen und kranke Ehefrauen

Dass Familienangehörige und Verwandte von aktiven, ehemaligen oder verstorbenen Hügelangestellten und -arbeitern besonders häufig durch Sach- und Geldgeschenke unterstützt wurden, war sicher auch ein Gebot des großbürgerlichen Familienideals. Es war auch nicht unüblich, Arbeiterfamilien nach dem Tod des Ernährers Beihilfen zu den Beerdigungskosten und eine dreimonatige Fortzahlung des Lohnes zu gewähren, zumal die Klärung der Rentenansprüche manchmal dauerte. Gerade ältere Witwen, die krank oder zumindest nicht in der Lage waren, selbst genügend zu verdienen, waren in solchen Übergangsphasen auf Einkünfte aus verschiedenen Quellen angewiesen. Die kaum zu beziffernde Zahl persönlicher Bitt- und Dankesbriefe ist ein starker Hinweis, dass die Versorgungsansprüche aus Betriebspensionen und staatlicher Witwenrente bis in die 1930er-Jahre hinein selten ausreichten, um den Lebensstandard dieser Frauen zu erhalten.

Typisch war der Fall einer Witwe, die in der Kolonie Brandenbusch bei der Familie ihrer Tochter wohnte. Neben den Beerdigungskosten für ihren verstorbenen Ehemann erhielt sie zunächst 30 Reichsmark Vorschuss auf die zukünftige Rente aus der

In der Siedlung Altenhof, um 1900

Arbeiterunterstützungskasse, 40 Reichsmark aus einer Sammlung der Arbeitskollegen und 90 Reichsmark als Geschenk der Familie Krupp. Neben solchen einmaligen Unterstützungen, zu denen auch mal eine Karre Kohlen zählen konnte, bewilligte der ehemalige Dienstherr des Öfteren Mietbeihilfen oder -befreiungen, allerdings in der Regel auf ein Jahr befristet. So konnten die Frauen zunächst in ihren lieb gewordenen Wohnungen bleiben und in Ruhe nach einer neuen Unterkunft suchen. Allerdings achteten Margarethe und Bertha Krupp stets auf Bedürftigkeitsprüfungen.

Witwenhof in der Siedlung Altenhof, Postkarte 1920er-Jahre

Neben der Witwenfürsorge gehörte auch die Übernahme von Kurkosten für kranke und erholungsbedürftige Ehefrauen zu den typischen Unterstützungsfällen. Dabei variierte die Höhe der Summen beträchtlich: Die herzkranke Frau eines Fuhrknechts bekam 1914 von der Betriebskrankenkasse der Gussstahlfabrik 75 Mark für eine vier- bis sechswöchige Kur bewilligt. Das war mehr als das Doppelte des Monatslohns, den der Fuhrknecht erhielt. Die psychische Erkrankung der Ehe-

Rekonvaleszenten
im Kaiserin Auguste-
Victoria-Erholungs-
haus, vor 1906

frau eines Hilfschauffeurs fiel in die Zeit während und nach dem Ersten Weltkrieg. Ihr Mann war 1915 eingezogen worden und die Angst um sein Leben soll der Auslöser gewesen sein für »einen schweren Fall von Hysterie mit ständigen Tic-artigen Zuckungen, lähmungsartiger Bewegungsstörung und seelischer Depression.«[112] Der Frau wurde eine Kur in der Provinzial-Nervenheilanstalt Rasemühle bei Göttingen empfohlen, wo sie tatsächlich zwischen 1918 und 1920 jeweils drei Monate lang behandelt wurde. Die Kurkosten von monatlich 200 bis 250 Mark übernahm der Hügel.

Tatsächlich waren Kuren relativ teuer, und die Familien einfacher Tagelöhner konnten im Krankheitsfall nur auf deutlich geringere Unterstützung hoffen. 1897 berichtete Karl Bernsau von so einem Fall:

»Der Arbeiter Schaefer ist seit circa 16 Jahren im Wald und in der Oeconomie, insbesondere längere Zeit im Kuhstall beschäftigt. Schaefer hat sich stets als sehr treu erwiesen. Er konnte in den letzten 7–8 Jahren nur halbe Tage arbeiten, da die Frau stets kränklich war und er die Hausarbeit verrichten musste. Frau Schaefer liegt nun seit 17 Wochen krank darnieder. Der Mann muss, da er von seiner geringen Einnahme eine Pflegeperson nicht bezahlen kann, die Kranke selbst pflegen und kann überhaupt nicht zur Arbeit kommen, verdient also gar nichts.«[113]

Margarethe Krupp bewilligte daraufhin »auf die Dauer von vier Wochen eine wöchentliche Geldspende von sechs Mark.«[114] Diese Spende lag höher als der normale Wochenlohn.

Ein treuer Diener und seine Kinder

Ein erfreulicheres Motiv für eine Unterstützung von Bediensteten bot die Ausbildung von Kindern. Gerade Friedrich Alfred Krupp legte größten Wert auf Bildungsangebote und Ausbildungsförderung. Beides waren tragende Pfeiler seiner innerbetrieblichen Sozialpolitik und seines öffentlichen Mäzenatentums. Entsprechend aufgeschlossen war er, als Friedrich Hirschfeld um Unterstützung für seinen ältesten Sohn Heinrich bat. Hirschfeld hatte 1882 mit 24 Jahren auf dem Hügel angefangen und war um die Jahrhundertwende »Erster Diener« Friedrich Alfred Krupps, »sehr geschätzt wegen vorzüglicher Leistung und Treue«.[115] Heinrich war das älteste seiner acht Kinder und wollte nach dem Abgang von der Oberrealschule Techniker werden. Zunächst sollte der junge Mann aber in der Gussstahlfabrik arbeiten und Erfahrung

Spalier für Kronprinz Wilhelm von Preußen vor der Kirche im Altenhof, Juli 1902

sammeln. Hügeldirektor Bernsau lobte, der Sohn sei »ein gut erzogener, braver und bescheidener Mensch [...], der sich stets der Sympathien seiner Lehrer erfreut hat.«[116] Eine solche Empfehlung war nicht untypisch für die Ausbildungsförderung im Kaiserreich. Individuelle Begabung oder eigenständige Persönlichkeit waren damals nicht die wichtigsten Kriterien, vielmehr standen die »Würdigkeit« und Bedürftigkeit der Eltern im Vordergrund.

Im Falle Hirschfelds war aber wohl die persönliche Nähe zum Dienstherrn ausschlaggebend, denn finanziell stand die Familie gut da. Als Heinrich Hirschfeld 1901 von der Schule abging, verdiente sein Vater 2.000 Mark im Jahr plus »freier Beköstigung und Livree«.[117] Noch wenige Tage vor dem

Lesesaal in der Siedlung Friedrichshof, um 1910

Unterricht in
der Krupp'schen
Industrieschule
»zur Erlernung
weiblicher Hand-
arbeit«, um 1900

Tod Friedrich Alfred Krupps hatte er eine Gehaltserhöhung von 500 Mark bekommen und wurde im Testament mit einem Legat von 10.000 Mark bedacht, weitere 5.000 Mark hatte er gespart. Mit anderen Worten: Friedrich Hirschfeld war trotz seiner großen Familie kein armer Mann, als sein Sohn Heinrich, nach zwei Jahren in der Gussstahlfabrik, die vierjährige Ausbildung am Technikum in Darmstadt begann. Die Kosten: 1.200 Mark pro Jahr. Margarethe Krupp mag sich gefragt haben, warum die Eltern nicht wie andere Familien ihre Ersparnisse nutzten und was angesichts sieben weiterer Hirschfeld-Kinder noch auf sie zukommen könnte. Vermutlich griff sie nicht ohne Skepsis die Unterstützungsbewilligung ihres verstorbenen Mannes auf und ließ sich genau über Hirschfelds Vermögensverhältnisse und alle Kinder Bericht erstatten. Hirschfelds Fürsprecher Karl Bernsau rechtfertigte die »gewiss grosse Bewilligung« als »Ausnahmefall« und argumentierte, dass der »selten treue« Diener »den wohl nicht ganz unberechtigten Wunsch [habe], sich diese Ersparnisse für sein Alter und seine zahlreichen Kinder zu erhalten«. Zudem müssten die ältesten Kinder ihre Ausbildungskosten, sobald sie selbst verdienten, an den Vater zurückzahlen, »damit diese Mittel dann zur Erziehung der kleineren Kinder verwandt werden« könnten.[118] Margarethe Krupp zahlte bis 1907 insgesamt 4.800 Mark.

Die Gesundheit seiner Angestellten ist für jeden Arbeitgeber von besonderer Bedeutung, das war auch auf dem Hügel so. Bereits seit den späten 1870er-Jahren entwickelte Krupp über die geschilderte Unterstützung in Einzelfällen hinaus quasi ein eigenes Gesundheitssystem, für das es – zumindest in Deutschland – bei großbürgerlichen, privaten Arbeitgebern keine Parallele gab. Zentraler Bestandteil war die freie ärztliche Behandlung aller Beschäftigten. Ein solches Privileg genossen normalerweise nur wenige Bedienstete eines Privathaushaltes, denn im Kaiserreich bestand noch keine Krankenversicherungspflicht für jedermann. So waren auf dem Hügel bis zum Beginn des 20. Jahrhunderts nur die als Arbeiter geführten Bediensteten per Gesetz krankenversichert, die große Zahl der Hausangestellten, das Stallpersonal, die Gärtner und zahlreiche andere aber nicht. Sie hätten die Kosten für ihre medizinischen Behandlungen normalerweise selbst tragen müssen.

Für sie standen allerdings die sogenannten Hügelärzte bereit, in der Regel zwei. Sie hatten ihre Praxis meist im Stadtteil Rüttenscheid, erhielten ein vertraglich festgelegtes Jahreshonorar, Fahrtkostenpauschalen und zusätzliche Gratifikationen von Krupp, ohne dort fest angestellt zu sein. Der Besuch bei den Hügelärzten war nicht nur für das gesamte Personal, sondern auch für deren Familien kostenlos. Lediglich Rechnungen für die fach- und zahnärztliche Betreuung der Angehörigen mussten selbst beglichen werden. Wenn allerdings die Kosten für »specialärztliche Behandlungen von Familienangehörigen« die finanziellen Möglichkeiten des Bediensteten überstiegen, ermutigte die Hügelverwaltung, dazu einen Unterstützungsantrag zu stellen.[119]

Rekonvaleszenten im Kaiserin Auguste-Victoria-Erholungshaus, vor 1906

Photogr. Anstalt
Fried. Krupp A.G.

W.1509.b.

Krupp-Krankenhaus
Tagesraum Station 10,
vor 1914

Wie so vieles auf dem Hügel war auch die Gesundheitsversorgung detailliert geregelt, und mit den Jahren wurden die Richtlinien immer komplizierter. Es machte einen Unterschied, ob man als Gärtnergehilfe oder Angestellter beschäftigt war, es gab Regelungen für die Kosten von Medikamenten oder Krankenhausaufenthalten und für bestimmte Krankheitsfälle. Krupp musste und wollte den Überblick behalten, aber je mehr Bestimmungen existierten, desto mehr wuchs die Bürokratie und umso wichtiger wurde es, zu prüfen, ob alles den Vorgaben entsprechend verlief. Fürsorge, verwaltungsmäßige Behandlung von Problemen und der immer vorhandene Verdacht, die Großzügigkeit der Herrschaft könne ausgenutzt werden, gingen Hand in Hand. So war auch das Verhältnis zwischen Arzt, Patient und Arbeitgeber naturgemäß nicht immer spannungsfrei.

Krupp legte großen Wert darauf, dass auch die gesetzlich versicherten Hügelarbeiter in die Sprechstunde des Hügelarztes gingen. So wurden die Ärzte von Krupp protegiert, und die Vermutung liegt nahe, dass die Mediziner im Zweifel eher die Interessen des Arbeitgebers vertraten. In einigen

Photogr. Anstalt Fried. Krupp A.G.

Fällen schickten sie Patienten wieder zur Arbeit, obwohl diese sich noch krank fühlten. Beschwerden blieben nicht aus, und die Ärzte reagierten offenbar auch mit einer Mischung aus Vorsicht und Standesdünkel. Hügelarzt Dr. Pahl: »Prinzip meiner Behandlung aller Leute auf dem Hügel ist, dieselben wie rohe Eier zu behandeln, da bei der großen Anzahl der mangelhaft gebildeten Leute man nicht sicher ist, in welcher Weise unbedachte Äußerungen ausgebeutet werden und einem daraus Ärger erwächst«.[120]

Der Verdacht des Missbrauchs von Fürsorge konnte leicht entstehen, wenn nicht klar war, welche ärztlichen Leistungen übernommen wurden und welche selbst bezahlt wer-

Zandersaal im
Krupp-Krankenhaus,
vor 1914

den mussten. Als eine nur kurz bei Krupp beschäftigte Dienstmagd eine zahnärztliche Behandlung brauchte, bezahlte die Hügelkasse die Rechnung in Höhe von 128,50 Mark. Als die Magd zu ihrer »größten Überraschung« trotzdem noch eine Privatrechnung über 50 Mark erhielt, schrieb sie einen Bittbrief an Margarethe Krupp.[121] Hügeldirektor Bernsau fragte daraufhin beim Zahnarzt nach, und es stellte sich heraus, dass die Patientin einen Selbstkostenanteil für Porzellanfüllungen zu zahlen hatte. Der Arzt habe sie im Voraus aufgeklärt, dass für die Dienerschaft nur »einfache Cementfüllungen« bezahlt würden. Bernsaus Schlussfolgerung war bezeichnend: Auf der einen Seite glaubte er dem Arzt und hielt die Bedienstete für »durchschaut«. Auf der anderen Seite empfahl er trotzdem, den Selbstkostenanteil »aus Mitleid« zu übernehmen, zumal die Magd »einige Zeit ohne Verdienst gewesen sei« und sowieso nicht hätte zahlen können.[122]

Das entsprach dem Krupp'schen Selbstverständnis: Gerade in Fällen schwerer Erkrankung und drohender Invalidität sah man sich nicht nur in der Rolle des misstrauischen Arbeitgebers, sondern vor allem als fürsorgepflichtige und wohltätige Herrschaft. Insbesondere Margarethe und Bertha Krupp kümmerten sich persönlich um Einzelschicksale: Als der Kutscher August Rieser nicht mehr in seinem Beruf arbeiten konnte, weil er immer schlechter sah, äußerte Margarethe Krupp den Wunsch, ihm »eine andere Lebensstellung« zu verschaffen.[123] Bertha Krupp sorgte sich um ihre ehemalige Amme Sophie Moswinkel, die sich nicht behandeln lassen wollte und lieber selbst »an sich herum doktert[e]«.[124] Die freie ärztliche Behandlung auf dem Hügel wurde erst 1927 endgültig abgeschafft und mit Gehaltszulagen kompensiert.

Speisenausgabe für
Altenhofbewohner,
Wirtschaftshaus des
Kaiserin Auguste-
Victoria-Erholungs-
hauses, um 1912

Viele langjährige Hügelbeschäftigte, die wegen schwerer Krankheiten dauerhaft arbeitsunfähig wurden und vorzeitig pensioniert werden mussten, bekamen zusätzlich zu den erworbenen Rentenansprüchen freiwillige Beihilfen ihres Arbeitgebers. Am Anfang stand nicht selten die Übernahme kostspieliger Kuren für sie selbst oder ihre Familienmitglieder. War die Hoffnung auf Erholung und Heilung vergeblich und die Invalidität von den Ärzten attestiert, stellte sich häufig zu spät heraus, dass die erworbenen Versorgungsansprüche aus firmeneigenen und staatlichen Versicherungen kaum zum Leben reichten. Viele Unterstützungsanträge dokumentieren die individuellen Notlagen enttäuschter und überforderter Bittsteller, die den Bürokratien von Firma und Staat oftmals hilflos gegenüberstanden. Sie hofften auf die persönliche Hilfe des ehemaligen Dienstherrn. Krupp bewies in solchen Situationen Verantwortungsbewusstsein und bewilligte Unterstützungen wie kleine monatliche Beihilfen aus der Privatkasse oder die Zuweisung einer Wohnung im »Altenhof« (einer Siedlung für Pensionäre und Invaliden der Firma Krupp), die Tilgung größerer Darlehen, die Zahlung von Weihnachtsgeld oder von nachträglichen Monatsgehältern, die Übernahme weiterer Kurkosten oder die Bewilligung von Überbrückungsgeldern bis zur Klärung von Rentenansprüchen.

Regeln und Konflikte

Arbeitsordnung für die Hügelverwaltung, 1934

»Erfahrungsgemäß wird auch gegen die besten Grundsätze und Vorschriften immer wieder verstossen.«[125] Für den Verwaltungschef Karl Bernsau war diese lapidare Einsicht eine Art Quintessenz seiner jahrzehntelangen Arbeit auf dem Hügel. Kaum eine Ordnung wurde im Arbeitsalltag blind befolgt, meistens war Raum für kreative Auslegungen vorhanden. Gerade Alfred Krupp wusste das nur zu gut. Seinen Stallmeister Wilhelm Köhler ermahnte er entsprechend: »Es ist nicht genug eine Stallordnung geschrieben zu haben, sondern sie muß auch gehalten werden durch persönliche Ueberwachung.«[126] Was ausdrücklich verboten war, musste natürlich kontrolliert und gegebenenfalls wirksam sanktioniert werden. Das für die Kontrolle zuständige Personal – vor allem die Pförtner und Feuerwehrleute – stand vor der Alternative, alles pflichtgemäß zu melden oder verbotenes Verhalten gelegentlich stillschweigend für sich zu behalten. Schon wegen der angedrohten Strafen lässt sich vermuten, dass mancher Konflikt nicht bekannt wurde.

So weiß man fast nichts über sexuelle Beziehungen zwischen den Beschäftigten. Flirts und Liebesbeziehungen am Arbeitsplatz waren streng verboten, und wer dabei erwischt wurde, konnte mit sofortiger Kündigung rechnen. Ob diese drakonische Strafe immer und mit aller Konsequenz durchgesetzt wurde, ist nicht bekannt. Die Aufzeichnungen eines Gartenarbeiters,[127] der seine Ehefrau bei der Arbeit in der Hügel-Gärtnerei kennenlernte, lassen eher anderes vermuten. Der Mann kolportierte auch das Gerücht, sein ungeliebter Chef, Obergärtner Friedrich Veerhoff, habe seine spätere Frau, eine Hausangestellte, heiraten müssen, nachdem sie schwanger geworden sei. Fehlverhalten wurde häufig durch Denunziation bekannt. Umso interessanter ist es, dass die Quellen kein intimes Wissen über die Krupps selbst preisgeben. Diskretion war eben die wichtigste Eigenschaft von gutem Hauspersonal, Tratsch und Klatsch konnten zur Kündigung führen. Ordnungsverstöße wurden vor allem durch offizielle Meldungen, Beschwerden und Konflikte aktenkundig. Der Arbeitgeber musste reagieren, also Streit schlichten, Anschuldigungen aufklären oder Verfehlungen bestrafen.

Arbeitsordnung für die Hügelverwaltung, 1934

Arbeitsordnung
für die
Verwaltung Hügel.

Einleitung.

Die nachstehende Arbeitsordnung ist für die Belegschaft rechtsverbindlich und tritt am 1. Juni 1934 in Kraft. Sie vertritt die Stelle eines zwischen dem Arbeitgeber und jedem Arbeiter abgeschlossenen Vertrages, sofern nicht mit einzelnen Arbeitern ein besonderer Arbeitsvertrag abgeschlossen worden ist.

Tarifverträge, welche den Betrieb binden, gelten als Ergänzung der Arbeitsordnung; die Bestimmungen solcher Tarifverträge gehen entgegenstehenden Bestimmungen der Arbeitsordnung vor.

1. Beginn des Arbeitsverhältnisses.

§ 1.

Jeder Arbeiter hat beim Antrag auf Einstellung folgende Ausweispapiere vorzulegen:

1. die Quittungskarte über die Invalidenversicherung oder den amtlichen Nachweis über deren Hinterlegung;
2. ein Zeugnis (Abkehrschein) seines bisherigen Arbeitgebers über Art und Dauer seiner Beschäftigung, wenn der eintretende Arbeiter schon bei einem anderen Arbeitgeber beschäftigt war;
3. auf Verlangen ein Lehrzeugnis und in Sonderfällen die Abkehrscheine früherer Arbeitgeber;
4. in den gesetzlich vorgeschriebenen Fällen ein in Ordnung gehaltenes Arbeitsbuch;
5. die etwa weiterhin durch Gesetz vorgeschriebenen Papiere.

Bei der Aufnahme der Arbeit hat der Arbeiter auch seinen Familienstand und seine Wohnung anzugeben; ebenso hat er späteren Wohnungswechsel dem Betriebe bekanntzugeben.

§ 2.

Vor der Einstellung hat sich der Arbeiter auf Verlangen einer ärztlichen Untersuchung auf Kosten der Verwaltung zu unterziehen.

In manchen Fällen war der Hausherr auch
persönlich stark involviert: Ein Beispiel dafür ist der ›Generationenkonflikt‹ zwischen
Friedrich Alfred Krupp und leitenden Angestellten in den 1890er-Jahren. Für Friedrich
Alfred Krupp war es eher ungewöhnlich,
seinem Ärger offen Luft zu machen, denn er
trat gerne verbindlicher und vertrauensvoller
auf als sein manchmal cholerischer und
kontrollsüchtiger Vater. Doch vor allem wenn
seine eigenen Ordnungsvorstellungen mit
Verhaltensweisen und Gewohnheiten der
alten, vom Vater geprägten Führungsriege
in Konflikt gerieten, wurde seine Geduld
manchmal überstrapaziert. So war es im Fall
des Hügelverwalters Franz Wegener: Bei
der Besichtigung des Geländes nach Verschö-
nerungsarbeiten kritisierte Friedrich Alfred
Krupp, dass alles »hässlich aussehe« und
Renovierungen ohne »Gefühl für Geschmack«
durchgeführt worden seien.[128] Während sein
Vater immer betont hatte, bei Reparaturen
sei auf »eine zweckmäßige und möglichst
sparsame Ausführung«[129] zu achten, legte
der Sohn Wert auf »angemessene Eleganz
und Güte«.[130]
     Für einen Mann, der die Dienstkleidung
seines neuen Stallmeisters selbst entwarf
und sich bei seinen zahlreichen Kunstkäufen
für die Villa intensiv beraten ließ, waren Ge-
schmacksfragen keine Nebensache. Auch der
umfangreiche Umbau der Villa nach dem
Umzug seiner jungen Familie in das Haupt-
gebäude dokumentierte den Wunsch, sich
das ungeliebte und ungemütliche Haus des
Vaters anzueignen. Geschmack zu zeigen, war
also nicht nur eine Frage gesellschaftlicher
Repräsentation, sondern auch eine persönliche Abgrenzung von der zweckrationalen
Sachlichkeit des Vaters. So kritisierte Krupp
heftig, dass sich Wegener mit der verinner-
lichten Sparsamkeit in die Entwurfsarbeiten
der Bauabteilung eingemischt hatte.

Ganz besonders ärgerte sich Krupp über Kompetenzüberschreitungen und Machtkämpfe zwischen leitenden Angestellten; sie kosteten Zeit und Nerven. Laut Dienstvertrag gehörte es zu Franz Wegeners Aufgaben, »Meinungsverschiedenheiten und Conflicte zwischen den ihm untergebenen Beamten [...] durch vermittelndes Eingreifen zu erledigen«.[131] Doch diese Führungsqualität schien dem Verwalter zu fehlen. Er selbst stritt sich, kämpfte um Machtprivilegien, beharrte auf Gewohnheitsrechten und zeigte sich unfähig, Aufgaben zu delegieren. So war er nicht bereit, das Privileg der Auszahlung der Löhne für das Hauspersonal an Hausmeister Herms abzugeben, obwohl Krupp diese Arbeitsentlastung vorgeschlagen hatte. Vielleicht war Wegeners Eigensinn ein Symptom zunehmender Verunsicherung. Er gab zu, dass er Angst hatte Fehler zu machen, und raubte seinem Dienstherrn mit zahlreichen Nachfragen und Rückversicherungen kostbare Zeit. Friedrich Alfred Krupp aber wünschte sich

Friedrich Alfred Krupp, um 1890

157

Friedrich Alfred Krupp nutzte für seine Bahnreisen einen eigenen Salonwagen. Luxuriöse Inneneinrichtung, um 1890

einen Mann mit »Initiative« und Führungsqualitäten an der Spitze der Hügelverwaltung, der es ihm ersparte, »persönlich in Dinge eingreifen zu müssen, die ohne mein Zuthun in meinem Sinne behandelt werden könnten.«[132] Am 16. November 1894 bat Wegener schließlich um seine Pensionierung, und schon kurz vor Weihnachten unterschrieb Nachfolger Karl Bernsau seinen Dienstvertrag.

Konflikte unter leitenden Angestellten drangen nicht immer bis zum Dienstherrn vor. »Anträgerei« galt als unkollegiales Verhalten, auch wenn es manchmal vielleicht die einzige Möglichkeit war, sich gegen ›Mobbing‹ zu wehren. Einen folgenreichen Machtkampf trugen Obergärtner Friedrich Bete und sein designierter Nachfolger Fried-

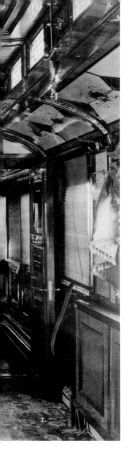

rich Veerhoff miteinander aus. Letzteren
hatte Friedrich Alfred Krupp im Februar 1895
als zweiten Obergärtner engagiert. Bete
hatte 1859 bei Alfred Krupp angefangen und
blickte inzwischen auf über 35 Dienstjahre
zurück, Veerhoff war erst 27 Jahre alt und
hatte zuletzt als Gärtnergehilfe in der Königlichen Hofgärtnerei von Sanssouci gearbeitet.
Der eine stand am Ende seines Arbeitslebens,
der andere gerade an einer entscheidenden
Stelle seiner Karriere.

Die Situation zwischen den beiden eska-
lierte, als Veerhoff ein Gespräch zwischen
Bete und einem Gärtnergehilfen belauschte.
Falls dieser Aufträge von Veerhoff erhielte, so
der Obergärtner, solle er »ja« sagen, sie aber
nicht ausführen, sondern stattdessen ihn
informieren. Veerhoff meldete den Vorfall bei
Direktor Bernsau und beklagte, dass Bete
ihn »geflissentlich« ignoriere und seine Autorität untergrabe.[133] Nachdem die Beteiligten
befragt und diese Version im Grundsatz be-
stätigt worden war, entschied Krupp noch
am selben Tag, dass der Obergärtner sich
entschuldigen müsse und zwar in seiner
Gegenwart, andernfalls würde er vorzeitig
pensioniert. Nach einer Nacht Bedenkzeit
reagierte Bete. Eine Entschuldigung zu for-
dern, empfand er als Ungerechtigkeit:

»Ich war in meinem Rechte und habe
noch viel zu wenig gesagt. Wo bleibt bei
solchem Handeln die Disziplin, Autorität &
Ordnung? Ich habe dem Krupp'schen Hause
mit allen Fasern meines Körpers schon über
37 Jahre treu gedient, mein persönliches
Interesse immer zurück gesetzt [...]. Ich
habe mir nichts gespart, habe weiter keine
Reichthümer als die mir Herr Alfred Krupp
seiner Zeit als Geschenk gegeben hat. Bei
der 8jährigen Krankheit meiner sel. Frau
habe ich oft im Jahre 1500 Mark Kurkosten
zahlen müssen wobei meine Ersparungen fast
zur Neige gingen. Ich habe in meiner ganzen
Dienstzeit keinen Antrag auf Gehalts-
Erhöhung gestellt. Herr Alfred Krupp besserte
das Gehalt ohne Antrag auf. [...]. Ich lege
die ganze Angelegenheit in die Hände des

Herrn Krupp, muß ich auch mit weißem Stock
den Hügel verlassen, so habe ich wenigstens das Bewußtsein mehr gethan zu haben
wie meine Schuldigkeit war.«[134]

Betes Loyalität galt noch immer dem
Vater. Dessen Geschenke und Gehaltserhöhungen verbuchte er als Anerkennung für
langjährige Treue und Engagement. Der Hinweis auf die hohen Kurkosten war vielleicht

»Hector und Schnofel«
mit Hofdiener
Riemann,
Oktober 1891

ein versteckter Vorwurf an Friedrich Alfred
Krupp, schließlich gehörte die Fürsorge für
kranke Angehörige zu den klassischen Aufgaben patriarchalischer Wohltätigkeit. Seine
Weigerung, vor den Augen des Dienstherrn
um Entschuldigung zu bitten, war im Grunde
schon die symbolische Aufkündigung seiner
Beziehung zu ihm. Tatsächlich wurde Bete
noch am selben Tag beurlaubt und bald darauf pensioniert.

Mit dem neuen Obergärtner Veerhoff war
es auch nicht immer einfach. Einen von seinem Vorgänger protegierten Gärtner traktier-
te er mit vielen Erniedrigungen und kündigte
ihm schließlich. Ein Gartenarbeiter beschrieb
Veerhoffs autoritären Führungsstil Jahre
später so:

»Drei Schritte vor Herr V. die Mütze vom
Kopf gerissen und artig gegrüsst mit einer
leichten Verbäugung und einem lammfrom-
men Gesicht [...] Ich muss sagen das war
das reinste Junkertum. [...] So war es damals,
alle krochen vor den Alten, denn der Alte
war ein Mann, der keinen Widerspruch ver-

tragen konnte. [...] Es war sogar so, dass diejenigen, die eine höhere Stellung hatten nicht klüger sein durften wie der Alte, wer von denen zu tüchtig war, der wurde nicht alt.«[135]

Zweifellos war diese Abrechnung mit dem ehemaligen Chef subjektiv, belegt ist aber, dass Veerhoff kein Verständnis für sozialdemokratisch oder kommunistisch eingestellte Arbeiter hatte. Die Arbeit des Betriebsrates nach dem Ersten Weltkrieg empfand er lediglich als »fortgesetzte Schikane«.[136] Zum 1. November 1926 wurde Veerhoff mit 58 Jahren vorzeitig pensioniert, offiziell wegen zahlreicher Krankheiten, vermutlich aber auch wegen des Umbaus und der Rationalisierung des Gartenbetriebes.

Klatsch, Tratsch und Denunzianten

»Frl. Wagner«, Hausdame von Alfred Krupp, um 1860

Neben existenzbedrohenden Konflikten wird immer wieder von alltäglichen Streitereien und aufwallenden Emotionen berichtet:[137] Ein Aufseher beleidigte den neuen Zweiten Obergärtner als »Großmaul«, weil dieser eine seiner Arbeitsanweisungen aufgehoben hatte. Gustav Krupps zweiter Privatsekretär entschuldigte sich für seine »Temperamentsausbrüche« und bat um einen eigenen Büroraum, weil er nicht gut mit seinem Vorgesetzten auskam. Der Aufseher im Wirtschaftshof beklagte sich über einen Fabrik-Fuhrmann, weil dieser »frech sei und nicht genügend den Anforderungen entspreche«. Eine Kinderpflegerin kündigte nach acht Jahren bei Bertha Krupp, weil sie nicht länger mit einer neuen, ihr vorgesetzten Erzieherin zusammenarbeiten wollte. Für einen Bediensteten aus dem Stall ging es buchstäblich um »schmutzige Wäsche«: Der Waschmeister hatte ihn angezeigt, weil er private Wäsche zusammen mit seiner Dienstkleidung waschen ließ. Der Beschuldigte fühlte sich beleidigt und konterte, er habe

161

sich nur ein Beispiel an den »schon länger im Stall beschäftigten Leuten« genommen. So stand Aussage gegen Aussage und man beließ es bei einer Belehrung. Der Diener S. sah sich gleich mehreren Vorwürfen ausgesetzt: Hausmeister Herms fand ihn unkollegial und »mürrisch«, der Erste Diener Friedrich Hirschfeld hinterfragte seinen Cognac-Verbrauch, und der zweite Hausmeister Gustav Poser berichtete Margarethe Krupp ungefragt, Hirschfeld habe ihm erzählt, dass S. einen Auftrag nicht ausgeführt habe. Interessanterweise wurde deswegen nicht S. bestraft, sondern die beiden Hausmeister Herms und Poser, die als Vorgesetzte eine »ernste Mißbilligung« für das »Unpassende ihrer Äußerungen« erhielten.

Diese Auseinandersetzungen werfen ein Licht auf die Dreiecksbeziehung zwischen Täter, Zeuge und Hügelleitung. Den (potenziellen) Zeugen kam dabei die zentrale Rolle zu, weil sie vor allem im Vorfeld von Ermittlungen noch die Wahl hatten, einen Dieb aus mehr oder weniger edlen Motiven zu decken oder anzuzeigen. Dass ein Fuhrknecht einen Teil seiner Ladung Heckenpfähle auf eigene Rechnung verkauft hatte, kam wahrscheinlich nur heraus, weil der zum Abladen bestimmte Gartenarbeiter nicht auf den Bestechungsversuch (eine Flasche Bier) eingehen wollte und stattdessen den Stallmeister informierte. Dagegen hatte ein Diener

Wilhelm Eichele, Diener bei Gustav Krupp, um 1930

Marie Louise Achenbach, Hausdame, um 1925

Anna Garschagen,
Kindermädchen,
um 1890

Ferdinand
Barchewitz,
Architekt,
um 1873

Wolfgang Heinrich,
Koch, um 1940

Curt Unger, Hügelverwalter,
um 1940

Wilhelmine Ulrich,
Köchin, um 1920

zunächst gezögert, das Versäumnis des Postboten zu melden: »Weil aber inzwischen
Andere davon gehört hätten, habe er sich
zur Mitteilung verpflichtet gefühlt.«[138] Der
Postbote hatte eine Geldsendung des Dieners
nicht rechtzeitig »abgehen lassen«, wofür
Hügelverwalter Bernsau ihn suspendiert
und auf seine alte Stelle im Baubüro straf-
versetzte. Erst nach dieser Geschichte fragte
ein Kutscher nach einer früheren Postanwei-
sung – 114 Mark für eine gemeinschaftliche

Feuerwehrmann
der Firma Krupp
vor dem Gerätehaus,
um 1910

Branntwein-Bestellung. Der Postbote gab
zu, dieses Geld wegen eigener Schulden
unterschlagen zu haben. Daraufhin wurde
er nach 19 Dienstjahren auf dem Hügel
entlassen, verlor seine Pensionsansprüche
und seine Bitte um Überweisung zur Gussstahlfabrik fand kein Gehör.

Manchmal bestrafte die Hügelleitung
auch kleinere Vergehen äußerst streng:
Als ein Feuerwehrmann im Winter 1929 für
die Vögel in seinem Garten eine »geringe
Menge Hafer« im Wert von zwölf Pfennigen
(heute etwa 41 Cent) aus dem Futtertrog
der Hügel-Schwäne nahm, erhielt er einen
»scharfen protokollierten Verweis« und eine
Geldstrafe von fünf Reichsmark.[139] Fünf
Jahre später sammelte er Fallobst auf und
erhielt eine »Ordnungsstrafe« von 20 Reichsmark sowie die letzte Abmahnung. So span-
nend sich all diese Konflikte lesen, so wenig

sind sie repräsentativ für das Leben und Arbeiten auf dem Hügel. Das alltägliche Miteinander funktionierte normalerweise eher reibungslos. Nur schlägt sich das nicht in den Akten nieder – anders als die Streitereien.

Ein untreuer Verwalter

Fehlverhalten mehr oder weniger hart zu bestrafen, gehörte jedenfalls bis zum Ende des Zweiten Weltkrieges zu den Aufgaben der Hügelleitung; Begnadigungen waren ein Privileg des Dienstherrn. Das änderte sich erst in der Not- und Übergangszeit der frühen Nachkriegsjahre, als die alte Hierarchie grundsätzlich in Frage gestellt wurde. Ein Beispiel ist im November 1946 der Fall des Direktors der Krupp von Bohlen und Halbach'schen Verwaltung. Ihm wurde vorgeworfen, zusammen mit einer Buchhalterin Lebensmittel aus der Gemeinschaftsverpflegung für den eigenen Haushalt unterschlagen zu haben. Mehrere Zeugen, darunter seine ehemalige Putzfrau, belasteten ihn. Er habe, so hieß es, in seinem Haus Woll- und Kamelhaardecken, Wäsche und Badetücher mit entfernten Monogrammen, einen Teppich, Tafelsilber und Porzellan aus dem Krupp'schen Privatbesitz versteckt. Aus den rotkarierten Bettbezügen der Hügel-Feuerwehr habe die Pflegetochter Dirndl und Küchentücher nähen lassen. Der Direktor scheint ein unbeliebter – und bei Einzelnen sogar verhasster – Vorgesetzter gewesen zu sein, der Günstlinge, insbesondere seine Pflegetochter, erkennbar protegierte und dem übrigen Personal gegenüber streng und pedantisch auftrat. Es war offensichtlich, dass es bei den Anschuldigungen gegen den Mann auch um Rache ging: »Gerade Leute vom Schlage wie Sie«, so hieß es in einem anonymen Schreiben, »müssen zur Rechenschaft gezogen werden, die anderen stets die Gesetze vorschreiben wollten.«[140]

In Kriegszeiten

Kriegsverletzte und Lazarette

Als radikaler Einschnitt trennte der Erste
Weltkrieg die Lebenswelt des 19. von der
des 20. Jahrhunderts. In Deutschland waren
rund 13 Millionen Männer mobilisiert worden, die Zahl der Toten und Verwundeten war
immens. Viele Überlebende kehrten mit
schweren Verletzungen in die Heimat zurück. Dort hatten Versorgungsengpässe zu
steigenden Lebensmittelpreisen und Hunger-

Musizierende
Rekonvaleszenten
aus dem Lazarett
im Bootshaus
Hügel, um 1916
(Ausschnitt)

krawallen geführt. Durch die Einberufungen
ging auch auf dem Hügel die Zahl der Beschäftigten zurück. Obwohl es Gustav Krupp
vereinzelt gelang, Beschäftigte vom Militärdienst freistellen zu lassen, zählte die
Hügelverwaltung im Juli 1918 insgesamt
378 Beschäftigte als Soldaten »im Felde«.
Mindestens 65 »Hügelaner« wurden im Krieg
getötet, eine wahrscheinlich deutlich höhere
Zahl verwundet. Noch heute befindet sich im
Hügelpark ein Gedenkstein mit den Namen
der Gefallenen.
    In Deutschland hatten sämtliche aus dem
Heeresdienst zurückkehrende Arbeitnehmer
Anspruch auf ihren früheren Arbeitsplatz.
Für die Industrie galt gesetzlich ein »Schwer-
beschädigten«-Anteil von zwei Prozent der
Belegschaft. Schon Unternehmen mit mehr

Lazarett
im Bootshaus Hügel,
1916

als 25 Beschäftigten mussten laut Reichsversorgungsgesetz Kriegsinvaliden beschäftigen, und nur mit behördlicher Zustimmung konnte ihnen gekündigt werden. In der Nachkriegszeit und den Jahren des Stellenabbaus wurde die Weiterbeschäftigung von kriegsbeschädigten Hügelarbeitern und -angestellten zu einer der moralisch und rechtlich schwierigsten Fragen, die Krupp von Fall zu Fall unterschiedlich löste. Als die Entlassung des Hilfsarbeiters Heinrich Dörr nicht genehmigt wurde, legte Verwalter Ernst Lintz »schärfsten Widerspruch« bei den Behörden ein: Als Familienhaushalt dürfe der Hügelbetrieb gar nicht vom Gesetz betroffen sein.[141] Allerdings war das Anwesen nach wie vor auch ein Teil der Firma Krupp. Offensichtlich fiel es Gustav Krupp schwer zu akzeptieren, dass seine Souveränität als Arbeitgeber durch gesetzliche Regelungen eingeschränkt wurde.

Rekonvaleszenten
aus dem Lazarett
bei der Heuernte,
um 1916

In anderen Fällen bewies Krupp dagegen als Arbeitgeber Treue und beschäftigte schwer Kriegsbeschädigte trotz erheblicher Einschränkungen über Jahrzehnte weiter, wie den ehemaligen Postboten Ernst Tietz. Er wurde zum vollen Lohn als Bauhof-Aufseher

Kinderhort Hügel, um 1915

wieder eingestellt und später als Büroangestellter beschäftigt.[142] Im März 1942 feierte Tietz sein 40-jähriges Dienstjubiläum.

Der Erste Weltkrieg brachte aber noch manch andere Veränderung auf dem Hügel. So wurden mehrere Reservelazarette für rund 400 Personen geschaffen, unter anderem im Bootshaus und im Kleinen Haus der Villa Hügel, und bis Anfang 1919 versorgte man in den Lazaretten mehr als 5.700 verwundete Soldaten. Eine andere Neuerung betraf die Familien: Viele Frauen mussten im Krieg außer Haus arbeiten, und so gründete Bertha Krupp einen Hort, in dem eine Kindergärtnerin und vier Hilfskräfte durchschnittlich 70 Kinder betreuten. Neben dem Hort, der für Kinder gedacht war, deren Mütter auf dem Hügel arbeiteten, richtete man noch zwei Kindererholungsheime in der Siedlung Brandenbusch und in einem Restaurationsgebäude an der Ruhr ein, wo Nachwuchs aus kinderreichen Essener Familien aufgenommen wurde. Von einer weiteren Veränderung war bereits die Rede: Die Gärtnerei produzierte im Krieg ausschließlich Obst und Gemüse; es wurde sogar eine kleine Konservenfabrik angegliedert, zur Sicherung des Bedarfs im Winter.

Zerstörungen und Zwangsarbeiter

Im Zweiten Weltkrieg wurden die Krupp'schen Werksanlagen in Essen weitgehend zerstört und auch der Hügel war Ziel mehrerer Fliegerangriffe. Zu den eigentlichen Arbeitsaufgaben der Bediensteten kamen jetzt anstrengende Luftschutzbereitschaften, Brandschutzübungen und Löscharbeiten während und nach den Bombardierungen hinzu. Die Feuerwache fiel in Schutt und Asche, ebenso mehrere Wohnhäuser auf dem Hügel und in der Siedlung Brandenbusch. Fenster und Türen der Villa gingen zu Bruch, einzelne Räume im Dachgeschoss brannten aus. Nach einem Volltreffer im Gas- und Wasserwerk fiel auf dem Hügel der Strom aus. Eine ganze Reihe der Neben-, Wirtschafts- und Wohngebäude des Hügels war am Ende des Krieges vollständig zerstört.

Etwa 250 Büroangestellte der Firma Krupp arbeiteten seit Juni 1943 im Verbindungsbau zwischen den beiden Teilen der Villa und mindestens 84 »Bombengeschädigte« aus Essen waren auf dem Hügel unter-

Zerstörungen an Reitbahn und Stall nach einem Luftangriff, 26. März 1944

Akte der Hügel-
verwaltung zur
Beschäftigung von
Fremdarbeitern
ab 1941

gebracht. Aus Sicherheitsgründen erhielten
die Pförtner und die Feuerwache Anweisung,
nur nahe Verwandte als Besucher durchzu-
lassen und das Betreten oder Verlassen des
Geländes genau zu kontrollieren. Obwohl
Bertha und Gustav Krupp jetzt meist auf
Schloss Blühnbach lebten, blieb die Hügelverwaltung bemüht, die Exklusivität der privaten
Bereiche zu schützen.

Ab Mai 1941 waren Zwangsarbeiter auf
dem Hügel: Bis zu 22 Kriegsgefangene aus
Frankreich arbeiteten im Wasserwerk, im
Stall, im Hügelwald und in der Gärtnerei.
Dazu kamen später mindestens zehn soge-
nannte »Ostarbeiter«, zehn »Polen« sowie
mindestens 14 »Ostarbeiterinnen«, die im
Hühnerhof, im Haus oder in der Gärtnerei

Zerstörungen am Gästehaus nach Luftangriffen, 26. März 1944

Denkmal für die im Ersten Weltkrieg gefallenen Hügelbeschäftigten

eingesetzt wurden.[143] Wie diese Menschen behandelt wurden, ist kaum bekannt. Für einen Zehnstundentag mit land- und forstwirtschaftlichen Arbeiten sollten französische Kriegsgefangene nach staatlicher Anordnung lediglich 70 Pfennig bekommen; zwei »Ostarbeiterinnen« auf dem Hügel erhielten 1942 einen Monatslohn von 10,50 bzw. zwölf Reichsmark.[144] Zum Vergleich: Eine deutsche Hausgehilfin auf dem Hügel hatte, je nach Alter und Dienstzeit, einen Monatslohn von 30 bis 75 Reichsmark. Nach Anweisungen der Wehrmacht sollten Kriegsgefangene »streng aber korrekt« und nicht »wie Deutsche« behandelt werden.[145] Deutsche sollten also beispielsweise nicht mit ihnen an einem Tisch sitzen oder mit ihnen in ein Gasthaus gehen. »Jedes Mitgefühl« gegenüber Kriegsgefangenen und russischen Zivilarbeitern, formulierte ein Rundschreiben der Fried. Krupp AG, sei »falsches Mitleid«.[146] Ob die Anordnungen immer befolgt wurden? Einige Indizien sprechen dagegen,[147] und Misshandlungen von Zwangsarbeitern, wie sie für verschiedene Betriebe der Gussstahlfabrik nachgewiesen sind, lassen sich für den Hügel nicht belegen.

Festtafel im
Festsaal auf dem Hügel,
8. August 1912

Die Kunst
der Repräsentation

Ernst Haeckel,
1910

»Liebste Agnes!

Meine Ferienreise ist bis jetzt gut verlaufen.
Montag (4.8.) fuhr ich in 10 Stunden direkt
bis Essen. Dort nahm mich Assessor Korn
in Empfang (Adjutant bei Krupp) und fuhr
mich durch die rußige Fabrikstadt Essen in
½ Stunde nach dem »Hügel«, der herrlichen,
ganz im Wald und Park gelegenen Besitzung
von Krupp. Ich erhielt im Schloß ein fürst-
liches großes Zimmer mit herrlicher Aussicht.
Der Empfang bei Herrn und Frau Krupp war
äußerst freundlich, der ganze Aufenthalt –
trotz großer Eleganz – sehr angenehm und
komfortabel. Nur die Masse der überall wim-
melnden eleganten Dienerschaft war mir
ängstlich. Außerdem täglich ein Dutzend
der verschiedenartigsten Gäste – das wäre
was für Dich, mein liebes Röschen! –,
Minister Thiele und Frau, Staatssekretär von
Richthofen und Sohn, Gesandte von Spa-
nien, der Türkei etc., Geschäftsfreunde aller
Art. Mahlzeiten gemeinsam in einem großen
Saal: 8 ½ – 9 ½ Frühstück, 1 – 2 Mittag,
5 – 5 ½ Five-o-Clock-Tee, 7 ½ – 10 Uhr
großes Diner (feierlich!). Küche fürstlich.
Abends Konzert von 3 Neapolitaner Musi-
kanten ... Mehrere fremde Gäste waren
mir zu Ehren eingeladen. Schön waren die
Spaziergänge in dem herrlichen Park, mit
hohen Buchen, sehr üppigen Farnkräutern,
Brombeeren etc.«

  So schrieb der weltberühmte Zoologe und
Naturphilosoph Ernst Haeckel am 9. August
1902 nach einem Besuch bei Friedrich Alfred
Krupp an seine Frau Agnes.[148]

Gäste und Feste

Fürstenhof oder Bürgerhaus?

Der Hügel war ein Ort der Repräsentation, ein Großbetrieb gesellschaftlichen Aufwandes. Nicht zu Unrecht ist die Krupp'sche Haushaltsführung mit fürstlichen Hofhaltungen verglichen worden. Als der Historiker Golo Mann die ehemalige Hauslehrerin Charlotte von Trotha nach den Unterschieden zwischen einem Fürstenhof und dem Hügelhaushalt fragte, hat sie nach einer kurzen Pause lapidar geantwortet, das sei »genau das gleiche« gewesen.[149] Von Trotha konnte vergleichen, sie hatte nicht nur bei Krupp, sondern auch bei Kronprinz Wilhelm von Preußen auf Schloss Cecilienhof in Potsdam unterrichtet. Der Hügelerbauer Alfred Krupp war allerdings kein Freund des Adels und der höfischen Kultur. Im Gegenteil, der zweckrational denkende Unternehmer hatte sich stets als Bürger verstanden und Werte wie nüchterne Sparsamkeit und strenge Arbeitsethik propagiert. Die anfangs ungeliebte Schwiegertochter Margarethe Krupp hatte einen anderen gesellschaftlichen Hintergrund, sie stammte aus einer alten Adelsfamilie, und Gustav Krupps Vater hatte im Dienst des Großherzogs von Baden gestanden und war 1871 nobilitiert worden. Letztlich stand der luxuriöse Lebensstil auf dem Hügel aber weder für eine Feudalisierung des Großbürgertums noch für eine Verbürgerlichung des Adels, sondern für ein kulturelles Amalgam aus beiden Lebenswelten. Als Ort des Reichtums bot der Hügel eine Bühne, auf der die Unternehmerfamilie und ihr Personal für ihre Gäste eine Inszenierung gesellschaftlichen Glanzes aufführten. Allein schon die Dimensionen der Villa, des Parks und des Hügelbetriebes, die wirtschaftlichen Erfolg und sozialen Rang bezeugten, waren bestens geeignet, Kunden zu beeindrucken und staatliche Würdenträger zu hofieren. Bei gesellschaftlichen Großereignissen wurde

Untere Halle der Villa Hügel, Aquarell von Margarethe Krupp, 18. Juli 1892

der Hügel durch Festbeleuchtung illuminiert. Es war eine Lichtregie, die genau nach Rang und Zahl der Gäste differenziert werden konnte.

Der grandhotelartige Haushalt der Villa verlangte bestens ausgebildetes und entsprechend spezialisiertes Personal, dessen Auswahl nicht zuletzt den Geschmack und Reichtum des Dienstherrn bezeugen sollte. Umgekehrt fiel schlechtes Benehmen auf den Gastgeber zurück, und Alfred Krupp sparte nicht mit Kritik, wenn Dienstboten beispielsweise »in Gläser und Tassen oder Teller, auf Gabeln, Messer und Löffel hauchen oder gar spucken, um sie blank zu machen«.[150] Letztlich lag der repräsentative Wert des Personals aber nicht nur im guten Service, sondern auch in dessen Zurschaustellung. Der amerikanische Ökonom Thorstein Veblen hatte es schon 1899 in seiner »Theorie der feinen Leute« auf diesen Punkt gebracht: »Um Ansehen zu erwerben und zu erhalten, genügt es nicht, Reichtum oder Macht zu besitzen.

Beide müssen sie auch in Erscheinung treten, denn Hochachtung wird erst ihrem Erscheinen gezollt.«[151] Nicht ohne Grund verlangte Friedrich Alfred Krupp vom alten Stallmeister Wilhelm Köhler, dass er Gäste »beim Reiten stets mit Zylinder und in schwarzem Rock« begleitete.[152] Kurz: Der erste Zweck des Hügels war die erfolgreiche Repräsentation des Unternehmens, als privater Rückzugsort für das Familienleben blieb das Anwesen eher eine bürgerlich-romantische Fiktion. Die Privatheit des Hügels und die Bewachung seiner Grenzen und Tore unterstrichen vielmehr jene Exklusivität, die Einladungen als besonderes Privileg erscheinen ließen.

Die Erinnerungen von Gästen belegen, dass diese Inszenierungen einen nachhaltigen Eindruck hinterließen: »Als wir in das erste Parktor von Krupp einfuhren begann unsere Bewunderung. [...] An der großen Aufgangs-Terasse standen der Portier, 2 Hausmeister u. 3 Diener die selbst wie Fürsten aussahen. [...] Dann begaben wir uns in unsere appartements wo unser graziöses Kamerzöfchen (über die wir lachen mußten,

»Solimann auf dem Weg zum Stall«, Juli 1899

weil sie uns wie am Theater vorkam) bereits unsere Ballkleider tadellos gebügelt hatte.«[153] Große Feste und Staatsbesuche waren tatsächlich bis in das letzte Detail geplante, geprobte und im Laufe der Jahre perfektionierte Aufführungen. Es galt als höchstes Lob des Gastes, wenn die Arbeit hinter den Kulissen völlig unauffällig blieb: »Man merkte überhaupt in diesem Hause nie etwas von dem Rollen der Haushaltungsmaschine; es war eben immer alles gleich fertig«.[154] Zum Abschied besonderer Gäste wurde das Hügelpersonal selbst zur Kulisse, dann mussten sich alle, die dienstlich abkömmlich waren, auf dem großen Platz vor dem Haupthaus aufstellen und ein »Hoch« auf den Ehrengast ausbringen.

Wenn der Kaiser kommt

Kaiserbesuche waren die Krönung der gesellschaftlichen Anerkennung für Krupp, und entsprechend genau wurde am Protokoll gefeilt. Wie minuziös geplant wurde, zeigt sich am Beispiel der aufwendigen Vorbereitungen für ein Frühstück mit Wilhelm II. im Turmzimmer der Essener Konzernzentrale 1912, der Anlass war die »Hundertjahrfeier« der Firma: Um auszuprobieren, wie 50 Personen im Turmgeschoss sitzen konnten, ließ man zunächst Modelltische bauen. Das Baubüro fragte an, »ob wegen der Erhöhung des Stuhles für Seine Majestät den Kaiser eine Fußbank notwendig sei.« 20–25 »gut aussehende« Angestellte oder »nötigenfalls Laufjungen« wurden zwischen Fahrstuhl und Turmzimmer postiert, »um den ziemlich verwinkelten Weg zu bezeichnen«. Ein »Reservemann zur Bedienung des Fahrstuhls« stand bereit, zwei Diener hielten sich zusätzlich im Untergeschoss auf.[155] Kurz: Jede mögliche Bewegung und jedes Bedürfnis des Kaisers wurde im Vorfeld bedacht.

Programm- und Menükarte für das Festessen auf dem Hügel, 8. August 1912

Kaiser Wilhelm II.,
Porträt mit
eigenhändiger
Unterschrift,
9. August 1906

Auch bei der großen Mittagstafel zur Hochzeit von Bertha und Gustav Krupp in der Villa
Hügel war Perfektion beim Protokoll Ehren-
sache. Natürlich musste der Kaiser zuerst
bedient werden: »Erst dann, wenn S.M. serviert ist, setzen alle anderen Service ein.«[156]
Serviert wurden Pommersche Entensuppe,
Seezungenschnitte nach Joinville, Hamburger
Kalbsrücken mit Erbsen und Edelpilzen, ge-
füllte Wachteln in Gallert, Rehmedaillons
mit Kastanienmus, französische Masthühner,
frischer Stangenspargel mit Brüsseler Sauce,
Pfirsiche nach Melba, Käsestangen, Obst
und Dessert.

Auf dem Küchenzettel für den Personaltisch im Keller war für diesen Tag notiert: »Vormittags 11 Uhr. Legirte Reissuppe, Salm mit Butter u. Kartoffeln, Roastbeef, Erbsen u. Kartoffel, Essigpflaumen. Hochzeitstorte. Abends 6 ½ Uhr. Kalbskeule, Spinat und Kartoffeln. Pommersche Gans, Apfelmus u. Salat. Camanbert. Holländer Käsen.«[157] Dazu wurde Wein serviert, alles musste reichen für etwa 175 Personen – Musiker, Hügelpersonal und Aushilfen.

Für die Diener galt bei großen Festessen generell: möglichst »geräuschlos« arbeiten, Teller »nach englischer Art« rechts abheben und links einsetzen, Weingläser »nur halbvoll« gießen, beim »Hereintreten der Herrschaften [...] in grader Linie« stehen, und bei Bestellungen »keine Widerworte« geben.[158] Die unter-

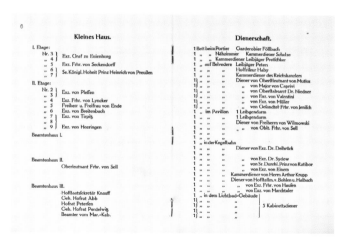

Unterbringung
der Gäste und
deren Dienerschaft,
August 1912

schiedlichen Laufwege und Servicebereiche
wurden auf den gedruckten Tischordnungen
handschriftlich eingezeichnet, so dass sich
jeder vorab orientieren konnte. Eine ausge-
feilte Choreografie. Die war auch nötig, wenn
wie bei der Hochzeitstafel von Barbara Krupp
und Tilo von Wilmowsky 93 Gedecke auf-
gelegt waren oder am 8. August 1912 beim
großen Festessen zum Firmenjubiläum,
der Hundertjahrfeier, 493 Gäste an sieben
Tischen platznahmen. Hinzu kamen die gedruckten Anweisungen »Für den Dienst!«,
die namentlich regelten, wer während des
ganzen Tages wann an welchem Ort im Haus
welche Aufgabe zu erfüllen hatte.

Kaiser Wilhelm II.
und Gustav Krupp
besichtigen die
Margarethenhöhe,
8. August 1912

181

Beim Fahrdienst zur Besichtigung der Gussstahlfabrik mussten auch die Chauffeure eine
kunstvolle Ordnung und viele Regeln beachten: Es galt eine Kolonne von zwölf Wagen zu
koordinieren, an der Spitze fuhren Wilhelm II.

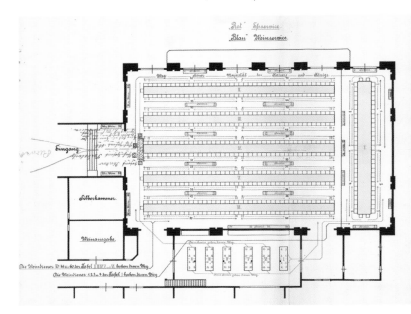

Sitz- und Servierplan
für das Festessen
auf dem Hügel,
August 1912

und Gustav Krupp im offenen Benz mit Kö-
nigsstandarte. In der Fabrik galt eine Höchst-
geschwindigkeit von 10 bis 15 km/h, nur wo
Spalier gebildet wurde, sollten die Autos –
wohl wegen des Personenschutzes – mit 15
bis 20 km/h etwas schneller fahren. Zum Aus-
und Einsteigen fuhr man fächerförmig vor.

Zur Protokollroutine bei hohen Staats-
besuchen gehörte auch die Verschärfung des
Sicherheitsdienstes, eine Aufgabe, die vor allem die Männer der Feuerwache, die Portiers
sowie die Garten- und Waldarbeiter forderte.
Wenn der Kaiser im Zug am Bahnhof Hügel
ankam, empfingen ihn zwei, manchmal sogar
vier Feuerwehrmänner mit Axt als Ehren-
posten. Während seiner Anwesenheit standen
Doppelposten mit Axt vor dem Hauptportal
und auf der Terrasse, außerdem wurden die
Patrouillen im inneren Hügelpark verstärkt.

Wer dort ohne Ausweiskarte oder Erkennungsmarke angetroffen wurde, musste festgenommen und zur Feuerwache gebracht werden. Unterstützt wurde die Feuerwache durch ausgewählte Garten- und Waldarbeiter, die grüne Mützen trugen, wenn sie Streife gingen, und im Hügeljargon nur »Grünmützen« hießen. Die Portiers an den Toren bekamen die Weisung, besonders wachsam zu sein und Unbekannte abzuweisen oder zu melden.

Diensteinteilung
für die Diener,
8. August 1912

15ª

Diensteinteilung
der Diener usw., anläßlich der Hundertjahrfeier, bei der Aufwartung der Mahlzeiten im Hauptverwaltungsgebäude der Fabrik und Auf dem Hügel.

Donnerstag, den 8. August 1912.

Um 8 Uhr 55 Min. vorm. Ankunft Sr. Maj. des Kaisers und Königs auf Station Hügel.
Bahndienst: Vogel, Grabener und Steiß.

Um 10 Uhr vorm. Imbiß im Speisesaal für etwa 40 Herrschaften.

Um 1 Uhr mittags zweites Frühstück, 46 Gedecke an kleinen Tischen im II. Turmgeschoß des Hauptverwaltungsgebäudes.
Tischdekoration: Geschütz und Geschosse mit Blumen.

Kraftbrühe in Tassen	1. Service: Zoerner, Grabener	
Krebse in Gallerte	2. „ Förster, Schülke	
Gurken-Bowle	3. „ Giese	
Geflügel auf griechische Art	4. „ Görlich	
Kalte Rehschnitten nach Carmen, Salat	5. „ Orth	
Moselfeinster Scharzberger	1. Weinservice: Fricke	
Rote Grütze mit Sahne	2. „ Frischmuth	
Käse-Gebäck	Kellerei: Fierenkotten (Leo)	
Obst	Der Kaffee wird im Direktorenzimmer serviert, desgleichen Zigarren usw.	
Tischweine: 1908 Bennenberger		
1904 Château Lanessan		

Um 6 Uhr nachmittags Abendessen in der Festhalle.

Die geladenen Herren fahren am Mittelportal vor.
Garderobendienst: Tiefenfee, Grabener, Steiß, Kern, 4 Mädchen.
Die Herren sind gebeten, bis spätestens 5 Uhr 45 Min. ihre Plätze in der Festhalle einzunehmen.
Seine Majestät der Kaiser und König u. die an der Hoftafel plazierten Herrschaften versammeln sich in der oberen Halle.

	Tisch I (Kaisertisch) 62 Gedecke.	Tische II, III, IV, V, VI, zu je 85 Gedecke.
Geflügelsuppe		
Moselfeinster Burgunder St. Péray	Porzellan-Tafelgeschirr aus der Kgl. Porzellan-Manufaktur, Berlin.	Tischdekoration: Tafelgeräte von »Concordia« und »Germania«.
Gekochter Rheinsalm	1. Service: Vogel, Fleder	Tisch II. Service: 1–8
1893 Steinberger Cabinet	2. „ Voll, Heil	„ III. „ 9–16
Sehr frisch gezogen	3. „ Tiefenfee, Steiß	„ IV. „ 17–24
Rindslendenstück auf Gärtner-Art	4. „ Grabener, Fröhlig	„ V. „ 25–32
Gefüllte Trüffeln	5. „ Schüler, Dormann	„ VI. „ 33–40
1893 Mouton Rothschild	6. „ Bohn, Ross	
Houden-Maßhuhn auf dem Rost gebraten, Salat	7. „ Giese, Orth	Tisch II. Weinservice: 41–44
1898 Perrier Jouet	8. „ Görlich, Schülke	„ III. „ 45–48
Gedämpfte Tafelspitze — Englischer Sellerie	1. Weinservice: Fricke	„ IV. „ 49–52
Pillsjasen-Gefrorenes	2. „ Frischmuth	„ V. „ 53–56
Käsefangen	3. „ Zoerner	„ VI. „ 57–60
Obst, Delfert	4. „ Förster	
Tischweine: 1904 Château Lanessan		

Es ist schnell, ruhig, fast geräuschlos und vornehm zu servieren.
Nachdem Suppe und der moussierende Burgunder Wein serviert ist, tritt für die Bedienung eine Pause ein.
Jeder Diener bleibt auf seinem Platz in der Festhalle absolut still stehen, bis die Reden von Herrn Krupp von Bohlen und Halbach u. von Seiner Majestät dem Kaiser und König gehalten sind. — Hiernach ist flott weiter zu servieren.

Wein-Ausgabe:	Anrichte-Halle:	In den Wirtschaftsräumen halten sich zur besonderen Verfügung auf:
Borchardt, Bruckmann, Fierenkotten, Funder	24 Speisenträger	Trummel, Kehlbreier, Benecke, Treue, Weidemann und 4 Leute an Köln Nr. 61, 62, 63, 64.

Der Kaffee usw. wird unter den Linden serviert, für Tisch I in bunten Tassen, von den Servicen 1, 2, 3 des Tisches I.
Allen andern Herren ist der Kaffee von den Büfetts unter den Linden in weißen Tassen mit Goldrand zu servieren, von den Servicen 4, 5, 6, 7 und 8 ebenfalls des Tisches I.
Die Vorbereitungen f.d. Kaffee besorgen während der Tafel nach besonderer Angabe: Seufer, Fierenkotten (Ludger).

Zigarrentische 1 und 2.	Trinkbüfett für Seine Majestät u. nächste Umgebung:
	Bohn, 2 Träger. Service: Fricke, Frischmuth
Die 4 Weinservice von Tisch I helfen zunächst an den Zigarrentischen, bis die Trinkbüfetts unter den Linden hergerichtet sind, wohingegen:	Trinkbüfett II: Fleder, Roß, 2 Träger
Seufer und Fierenkotten	Service: Vogel, Voll, Tiefenfee, 3 Leute Kaiserhof
den ganzen Abend den Dienst bei den Zigarrentischen haben und für absolute Ordnung verantwortlich sind.	Trinkbüfett III: Benecke, Steiß, 2 Träger
	Service: Grabener, Heil, Fröhlig, 3 Leute Kaiserhof

Die Einteilung bleibt für den ganzen Abend bestehen, bis Seine Majestät der Kaiser und König sowie alle Herrschaften sich zurückgezogen haben.
Die Service von Nr. 1–60 sowie alle übrigen Leute räumen in der Festhalle auf, nach Anordnung der dafür verantwortlichen Angestellten. Die Tafelaufsätze und Blumen bleiben auf den Tischen stehen.

Die Choreografie der Festkultur

Bei großen Festen waren die logistischen Herausforderungen und die Arbeitsbelastung für das Personal beachtlich: Selbst bei der etwas »kleineren« Hochzeit von Barbara Krupp mussten mehr als 50 Übernachtungsgäste untergebracht werden. Viele reisten mit der Eisenbahn an und hatten unterschiedliche Ankunfts- und Abfahrtszeiten. Alle mussten standesgemäß empfangen und rechtzeitig mit Kutsche und extra Gepäckwagen zur Villa gebracht werden. Kaiser, Könige und Fürsten kamen zudem mit großem Gefolge. Wilhelm II. reiste schon mal mit 14 Würdenträgern an, die alle ihren eigenen Diener mitbrachten. Zum persönlichen Personal des

Kaisers gehörten Kammerdiener, Garderobier,
zwei Leibjäger, zuweilen der Hoffriseur und
Leibgendarmen sowie das Küchenpersonal
mit Mundkoch, Küchen-, Kellerei- und Silber-
diener. So musste Krupp mit 30 bis 40 Personen allein für den Kaiser rechnen.

Bei großen Ereignissen war man auf
gutes Aushilfspersonal angewiesen: fünf
Aushilfsköche, 21 Aushilfskellner und zwölf
zusätzliche Putzfrauen wurden engagiert,
als Bertha Krupp und Gustav von Bohlen
und Halbach heirateten. 1.358 Mark zahlte
Margarethe Krupp alleine für dieses Personal.
Dazu kam der Lohn für Extraschichten der
Handwerker, Telegrafisten und Elektriker, die
man sich zum Teil von der Fabrik auslieh.
Wie hoch die Ansprüche an qualifizierte Aushilfen waren, zeigt ein Brief an die Daimler-
Motoren-Gesellschaft: Für die Hundertjahrfeier suchte man einen »Aushülfs-Chauffeur«,
»und zwar einen durchaus zuverlässigen und
nicht zu jungen Mann, der ein sicherer Fahrer
sein muss und dem man einen unserer wert-
vollen Wagen unbedenklich vorübergehend
anvertrauen kann.«[159]

Ankunft des
chinesischen
Vizekönigs
Li Hongzhang
auf dem Hügel,
28. Juni 1896

Fast jeder hochrangige Besuch auf dem Hügel hatte auch eine geschäftliche Seite, und minuziös geplante Besichtigungen der Fabrik gehörten zur obligatorischen Routine, häufig ergänzt durch Fahrten zu den Krupp'schen Wohnsiedlungen und Wohlfahrtseinrichtungen. Abends wurde dann festlich getafelt: Als König Fuad von Ägypten im Juni 1929 nach Essen kam, wurden an den drei Abenden Tafeln in der Villa Hügel mit je 28, 48 und 46 Gedecken veranstaltet. Wenig später meldete Fritz von Bülow aus der Berliner Vertretung der Fried. Krupp AG seinem Arbeitgeber, wie zufrieden sich der König über den Aufenthalt in Essen geäußert habe:

Besonders anerkennend hätte er gelobt, »wie bis ins Einzelste, auch hinsichtlich der französischen Programme und Tischkarten usw., an alles gedacht worden ist, was ihm den Aufenthalt angenehm gestalten konnte.«[160] Auch kleine Geschenke wie Zigarrenkästen, Ascher oder Likörbecher für das Gefolge gehörten zu Gustav Krupps Ökonomie gastfreundlicher Gesten und Gaben.

Nicht nur Krupp profitierte von zufriedenen Gästen bzw. Kunden, auch das Hügelpersonal zog seinen Nutzen aus dem Hin und Her von Geschenken. In der Regel konnte es mit hohen Trinkgeldern rechnen, bei monarchischen Besuchen lagen sie zwischen 500 und 1.500 Mark. Zum anderen wurde das Personal mit Orden und persönlichen Geschenken bedacht. Ein viel dekorierter Mann war Hausmeister Theodor Herms, der die größte Verantwortung für die reibungslose Organisation des Besuchswesens trug: Zwischen 1891

Besuch König Fuads von Ägypten, Juni 1929 (Ausschnitt)

und 1912 bekam er mindestens 14 Auszeichnungen, darunter einen »Ring seiner Majestät« Wilhelm II. und den doppelten chinesischen Drachenorden IV. Klasse. Besonders viele Orden wurden 1912 anlässlich der Krupp'schen Hundertjahrfeier verliehen, stellvertretend für die engen Beziehungen zwischen Monarchie und Unternehmen, Staat und Wirtschaftsmacht.

Eine Auswahlliste zählt 441 wirtschaftlich oder politisch »bedeutende« Besuche auf dem Hügel in der Zeit zwischen 1907 und 1942.[161] Jeder Gast wurde in den »Fremdenbüchern« registriert, die keinen Unterschied machten zwischen einer abgegebenen Visitenkarte und einem wichtigen Besucher. 1911 verzeichnete man insgesamt 915 Gäste, 1929 waren es 691 Tages- und 61 Logiergäste.[162] Knapp über 50 Prozent der Besucher kamen aus Essen. Die Villa Hügel war also nicht nur ein Ort für Aufsehen erregende Aufenthalte von ausländischen und deutschen Fürsten und Industriellen, sondern auch ein wichtiges gesellschaftliches Zentrum der Stadt. In den 1930er-Jahren wuchs das Gästeaufkommen noch einmal deutlich: 1648 Tages- und 128 Logiergäste standen 1936 im Fremdenbuch. Einer der »Tagesgäste« war Adolf Hitler, der den Hügel zwischen 1935 und 1940 insgesamt viermal besuchte.

Die Zahlen verdeutlichen, dass die Betreuung von Gästen zur täglichen Routine der Familie und ihrer Bediensteten gehörte. Auch Hauslehrerin Charlotte von Trotha war als Gesellschafterin mit Englisch- und Französischkenntnissen gefragt. Zwei- bis dreimal in der Woche musste sie abends zur Unterhaltung beitragen. »Gott sei Dank«, so von Trotha, wurden die Gäste gegen 22 Uhr auf Gustav Krupps Wunsch höflich zum Gehen gedrängt, dann sollten die Diener kommen und »den Gästen ins Ohr« flüstern, ihr Auto sei vorgefahren.[163]

Bertha und Gustav Krupp mit Adolf Hitler im Park der Villa Hügel, 28. September 1935

Livree und Uniform

Wer auf dem Hügel häufig mit Gästen in Kontakt kam, sollte möglichst gut aussehen – und das war durchaus auch körperlich gemeint: Als Gustav Krupp bei Benz in Mannheim nach einem neuen Chauffeur suchte, betonte er neben fahrerischem Können und technischer Qualifikation, »dass der zu Engagierende von ansehnlichem Aeusseren« sein müsse.[164] Als der designierte neue Stallmeister 1914 seinen Probedienst antrat und Direktor Bernsau seinen ersten Eindruck schildern sollte, stellte der mit leisem Bedauern fest, der Neue sei »kein stattlicher Mann«.[165] Umso wichtiger war die angemessene Kleidung: Nur für den Probedienst des Chauffeurs zahlte Gustav Krupp die Maßanfertigung einer umfangreichen, neuen Garderobe: »1 Reitrock von dunklem Stoff, 1 Breeches-Hose (Reithose), 1 Reitweste,

Steward Bohn an Bord der Krupp-Yacht Germania, 1911

190

Kutscher mit Kron-
prinz Wilhelm von
Preußen, Juli 1902
(Ausschnitt)

1 Paar englische Reitstiefel von Vachetteleder
(Halblackleder), 1 runder schwarzer Hut,
1 Civilanzug (nicht hell) und 1 Paletot«.[166]
Die Dienstkleidung repräsentierte die Herrschaft in der Öffentlichkeit und stand stellvertretend für deren Anspruch auf soziale
Geltung: Nicht von ungefähr schwärmte
Alix Freiin von Kesling nach einem Besuch
auf dem Hügel, dass der Stallmeister »wie
ein Lord« und die Diener »selbst wie Fürsten«
aussähen.[167]

Entsprechend investierten alle Krupps
viel Geld und Sorgfalt in Entwürfe, Auswahl,
Qualität und Pflege der Dienstkleidung. Die
Hausordnung von 1882 schrieb den Dienern
vor, morgens »wohlgeordnet und in rein-
lichem Anzuge auf ihrem Posten« zu erscheinen, »des Vormittags in Jacke und Gama-
schenhosen, des Nachmittags in gestreifter
Weste, schwarzer Hose und Rock«, stets mit
weißen Halsbinden »und, um das schwere

191

Auftreten beim Gange zu vermeiden«, mit niedrigen Absätzen.[168] Allein für die Livreen des Haus- und Stallpersonals gab Alfred Krupp zwischen 1878 und 1882 knapp 13.100 Mark aus. Sein Sohn ließ für das Stallpersonal »weiße hirschlederne Hosen« aus London liefern, außerdem »je ein[en] Anzug für Diener u. Aufseher, Frack u. Weste«, die »vom hiesigen Schneider für die übrigen Leute nachgemacht werden« sollten.[169]

Kleider machen Leute

Im März 1898 entwarf Friedrich Alfred Krupp eigenhändig eine Uniform für seinen neuen Stallmeister. In einem Brief fragte er seinen Londoner Schneider, vielleicht aus Unsicherheit und Sorge, sich auf Auslandsreisen zu blamieren, ob er wohl wirklich die richtige Mischung aus Einfachheit und repräsentativer Wirkung getroffen habe:

Stallmeister, 1899 (Ausschnitt)

Friedrich Alfred Krupp im Tiergarten, Berlin, 1896

»Ein Stallmeister bei mir hat – soviel ich die englischen Verhältnisse beurteilen kann – eine Stellung, die wohl etwas über der Stellung eines Head-groom und eines First-coachmen steht. Aus diesem Grunde wünsche ich, dass sein Anzug ein Mittelding ist zwischen dem Anzug eines Gentleman und eines Groom; vor allem muss der Anzug einfach /plain/ sein. Mein Vorschlag wäre folgender: Weiss-lederne breeches für besondere Gelegenheiten, sonst breeches von Stoff in einfacher Farbe ohne Muster. Als Stiefel Butcher-boots, wie ich sie trage. Als Rock ein einfacher Frock-coat mit einer Reihe dunkler Knöpfe und nur ein kleiner Ausschnitt am Halse. Dazu als Kopfbedeckung ein einfacher Hut ohne Kokarde. Schreiben Sie mir, ob dieser Vorschlag richtig ist und ob man einen Stallmeister in England so anziehen könnte.«[170]

Auch bei anderen Uniformen achtete Krupp auf jedes Detail. Sein Bootshauswärter trug eine blaue Hose, weißen Sweater, blaue Jacke, Segeltuchschuhe und weiße Mütze. Als der Hügel 1896 seine eigene Postagentur bekam, dachte man für die neue Uniform des Hügelpostboten an eine »saccoartige Form (Litewka) aus blauem Stoff«[171] – nicht in rot wie normale Unterbeamte der Post – und an schwarze Knöpfe mit einem Monogramm. Als die beauftragte Lüdenscheider Knopf- und Metallwarenfabrik Funcke und Brüninghaus stattdessen versilberte oder vergoldete Metallknöpfe vorschlug, betonte die Hügelverwaltung, »dass an der Krupp'schen Livree grundsätzlich keine blanken Knöpfe getragen« würden[172] – vielleicht, um sich zu unterscheiden? Oder um Bescheidenheit zu demonstrieren? Zur Hochzeit von Barbara Krupp und Tilo von Wilmowsky trugen die Diener dunkelblaue Tuchfracks, schwarze Tuchhosen, schwarz-weiß gestreifte Westen, weiße Schlipse und, wie Hedwig von Berg zu erkennen glaubte, eine Schlipsnadel mit den Initialen »K.v.B.H.«, also Krupp von Bohlen und Halbach.

Bestellung von
Kutscherröcken,
4. Dezember 1901

Die Hügelleitung legte großen Wert darauf,
dass sich der Dienstrang in der Dienstkleidung widerspiegelte, außerdem achtete man
auf beste Stoffqualität, verlangte passgenaue
Maßkonfektion, bestellte auswärts bei den
angesehensten Hoflieferanten, kontrollierte
und erneuerte Dienstkleidung in regelmäßigen Abständen. Jede Grundausstattung
wurde in Sommer- und Winterware ausge-
geben, hinzu kamen Sachen zum Wechseln,
Mäntel und Regenkleidung, spezielle Arbeits-
kleidung wie Automäntel oder Reitbreeches
sowie zahlreiche farblich genau abgestimm-
te Accessoires wie Mützen, Handschuhe
usw. Als Großabnehmer verhandelte man
hart und diktierte die Preise, prüfte jede
Rechnung akribisch auf Fehler oder verdeckte
Preiserhöhungen, monierte postwendend
schlecht sitzende Uniformen, falsche Farb-
nuancen oder mangelhafte Stoffqualität
und prüfte im Vorfeld, ob sich ältere oder
beschädigte Kleidung noch reparieren ließe.
Kurz: Man gab große Summen aus und ehrte
zugleich den Pfennig.

Diese Verbindung von Luxus und Sparsamkeit war bezeichnend für die Vermi-
schung adeliger und bürgerlicher Werte in
der Krupp'schen Familienkultur: Auf der
einen Seite war sich die Unternehmerfamilie
stets bewusst, die eigene gesellschaftliche
Stellung und die Respektabilität des Unternehmens jederzeit repräsentieren zu müssen,
und zwar nicht nur durch das persönliche
Auftreten, sondern auch durch das Erschei-
nungsbild ihrer Beschäftigten. Auf der anderen Seite wollte man Bescheidenheit, Sparsamkeit und Einfachheit im Lebensstil, also
spezifisch bürgerliche Werte, demonstrieren.

Als Charlotte von Trotha 1918 im Zuge ihrer Bewerbung als Hauslehrerin die Befürchtung äußerte, nicht genügend Geld für angemessene Gesellschaftskleidung zu haben – also mit Bertha Krupp über zusätzliches Kleidergeld verhandelte – antwortete ihr diese:

»Ihre Frage, Kleidung betreffend, möchte ich dahin beantworten, dass in der Beziehung hier keine grossen Anforderungen gestellt werden. Im Gegenteil, wir legen Wert auf Einfachheit und sehen gerne jeden unnötigen Luxus vermieden. Bei Tag Rock mit Bluse und

Werbeblatt der Firma Rommel, Weiss & Cie, Mülheim am Rhein, um 1901

Abends ein oder zwei einfache Abendkleider genügen vollkommen. Ich glaube, dass Sie sich in der Beziehung falsche Vorstellungen machen.«[173]

Tatsächlich waren von Trothas Vorstellungen wohl nicht so falsch. Beispielsweise erhielt der Hauslehrer von Harald von Bohlen und Halbach anlässlich einer Griechenlandreise der Familie 500 Reichsmark, um passende maritim-blaue Kleidung auf der Yacht zu tragen und einen Smoking zu kaufen, »für den Fall, dass wir irgendwo eingeladen werden sollten.«[174]

Stoffmuster für einen Kutscherrock, 1901

Entwurfsskizze für die Uniform des Stallmeisters, ausgeführt von der Firma G. Benedict, Berlin, März 1896

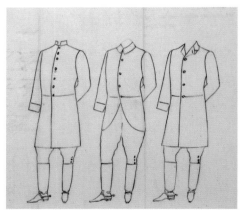

So wie der Smoking des Hauslehrers und die Livree des Dieners die gesellschaftlichen Repräsentationspflichten der Unternehmerfamilie symbolisierten, wurde der Lodenmantel für Bertha Krupp zum Symbol ihres Wunsches, sich auf dem Hügel möglichst einfach zu geben und ihre Verbundenheit mit den Beschäftigten zu demonstrieren: Kurz vor ihrem 48. Geburtstag wünschte sie sich, »daß alle Diener im Hause wieder wie früher einen Lodenmantel« erhielten für den Weg zwischen Dienst und Wohnung.[175] Auch Bertha Krupps Kinder mussten Krupp'sche

Jubilare zu goldenen Hochzeiten und runden Geburtstagen in Lodenmänteln besuchen. Jahrzehnte später spottete Charlotte von Trotha in einem Interview:

»Ich musste öfter mit ihnen in den Altenhof zu goldenen Hochzeiten und achtzigsten und neunzigsten Geburtstagen, mit einer Torte und Blumenstrauß, und sie hatten nur ihre scheußlichen Lodenmäntel, wissen sie, diese altmodischen, nicht die schicken, die es jetzt gibt, sondern diese altmodischen Dinger. [...] Frau Krupp war also doch auch für einfach sein und Vorbild sein und da habe ich mal gesagt: das glaubt ihnen doch keiner, dass sie keine schickeren Mäntel haben. Die denken doch nur: für uns ist es gut genug. Nein, die haben das ganz falsch aufgefasst, die meinten, sie würden Vorbild an Einfachheit sein.«[176]

Der Spott enthielt ein Körnchen Wahrheit: Auf dem Hügel Bescheidenheit demonstrieren zu wollen, löste nur allzu leicht den Verdacht der Selbstinszenierung aus.

Bertha Krupp,
um 1955

Villa Hügel,
Postkarte um 1900

Villa Hügel

Wie im Märchen?

»Die Jahre, in denen ich für Herrn und Frau von Bohlen tätig sein konnte, stehen lebhaft in meiner Erinnerung, wenn auch fast schon wie ein Märchen: der Hügel in der Schönheit seiner alten Zeit.«[177] Das schrieb Eugen Börner 1957 an seine ehemalige Dienstherrin Bertha Krupp. Der unterdessen 75-Jährige hatte im Privatsekretariat und in der Verwaltung gearbeitet und er ist keinesfalls der einzige, der leicht verklärt zurückschaute: Franz Holzapfel, ein ehemaliger Gartenarbeiter, sprach in seinen Erinnerungen nur vom »Schloss«, wenn er die Villa Hügel meinte[178], und für die Köchin Katharina Fierenkothen war dort »alles schön und gut« gewesen.[179]

Der Hügel war kein normaler Arbeitsplatz, weil er ein nahezu mythischer Ort Krupp'-scher Macht war, eine eigene Welt. Auf diesem »Zauberberg« schien die Zeit langsamer zu vergehen und die schwindende Kultur des Kaiserreichs war noch präsenter als anderswo. Ein Teil dieser luxuriösen Repräsentationskultur gewesen zu sein und von der persönlichen Nähe zur Familie Krupp erzählen zu können, wurde als Aufwertung empfunden. Auf dem Hügel angestellt zu sein, galt in Essen als Privileg, und wer sich an viele Arbeitsjahre dort erinnern konnte, durfte privat und in der Öffentlichkeit mit Interesse und Aufmerksamkeit rechnen. Ehemalige »Hügelaner« bewiesen gerne ihre

Bauarbeiter vor der Villa Hügel, 1914 (Ausschnitt)

Veranda, Wohnung
Hausmeister Theodor
Herms, um 1910

Treue zur Familie Krupp und identifizierten
sich zeitlebens mit diesem Ort. Erinnerungen
und Dankschreiben bezeugen loyalen Stolz
auf den Arbeitgeber und Zufriedenheit mit
einem erfüllten Arbeitsleben.

In den Quellen des Historischen Archivs
Krupp werden jedoch Krisen, Streitigkeiten
und Unzufriedenheit im Arbeitsleben öfter
aktenkundig als subjektive Zufriedenheit.
Das beeinflusst unser Bild des Verhältnisses
zwischen Bediensteten und Herrschaft
stark. Resümiert man die Geschichte der
Beziehungen zwischen der Familie Krupp und
ihren Bediensteten, wird man den Aspekt
der Zufriedenheit daher umso weniger unterschlagen dürfen. Vor allem die guten Löhne
und Gehälter, die zahlreichen Zusatzleis-
tungen, die großzügigen Geschenke und die
umfangreichen Unterstützungen in Notlagen
taten das Ihre.

Die ersten „Lederuun" 7. Aug. 09.

Aus einem privaten
Album der Familie
Krupp, 7. August 1909

Andererseits gab es natürlich nicht nur die
zufriedene Stammbelegschaft der überzeug-
ten »Hügelaner«. Auch die Enttäuschten, die
auf eine Lebensstellung gehofft hatten und
in den wirtschaftlich schwierigen Jahren
des Stellenabbaus entlassen wurden, dürfen
nicht vergessen werden. Außerdem finden
sich viele kurzfristigere Arbeitsverhältnisse,
die wahrscheinlich ohne emotionale Bin-
dungen gelöst wurden. Gerade die wichtige
Frage nach der Fluktuation von Arbeitskräf-
ten auf dem Hügel muss erst noch unter-
sucht werden.

Treitschkes eingangs zitierte, schlicht-
konservative Auffassung von gesellschaftlicher Ordnung sagt über das Leben »im Hause Krupp« nicht allzu viel aus – dazu war es
zu facettenreich und seiner Zeit zugleich voraus und hinterher. Natürlich bot der Hügelbetrieb nicht nur »heile Welt«, sondern erwies
sich als ein manchmal allzu menschlicher
Ort, wo gestritten, beleidigt und gelogen, ge-
klatscht, denunziert und immer wieder mit
viel Eigensinn gegen Regeln und Vorschrif-

ten verstoßen wurde. Auch haben manche Bittsteller ihre Not übertrieben, ihren Vorteil verfolgt oder schlicht versucht, die Herrschaften und die Hügelleitung zu betrügen. Nicht ohne Grund reagierten diese mit notorischem Misstrauen, allgegenwärtigen Kontrollversuchen und unendlich vielen Regeln.

Das alles war der Hügel: Ein mythischer Erinnerungsort deutscher Geschichte, eine prächtige Repräsentationskultur, ein Amalgam aus bürgerlichen und adeligen Lebensstilen, ein hierarchisch organisierter und weitestgehend reglementierter Betrieb, ein Ort steter Kontrolle und großzügiger Fürsorge, eine fast immer reibungslos funktionierende Maschine und ein eigener Mikrokosmos, wo Menschen mit allen ihren Stärken und Schwächen miteinander arbeiteten und lebten.

Blick auf die Ruhr über den Laubengang, 1899

Anhang

Stammtafel der Familie Krupp

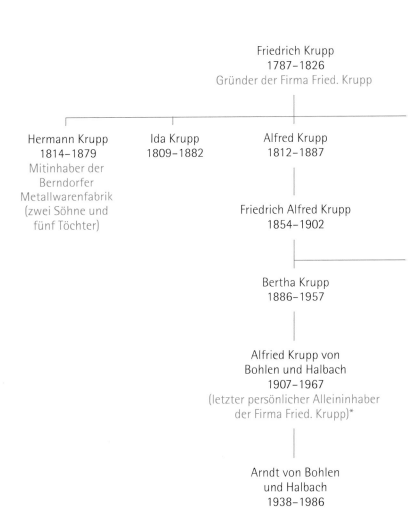

Friedrich Krupp
1787–1826
Gründer der Firma Fried. Krupp

Hermann Krupp
1814–1879
Mitinhaber der
Berndorfer
Metallwarenfabrik
(zwei Söhne und
fünf Töchter)

Ida Krupp
1809–1882

Alfred Krupp
1812–1887

Friedrich Alfred Krupp
1854–1902

Bertha Krupp
1886–1957

Alfried Krupp von
Bohlen und Halbach
1907–1967
(letzter persönlicher Alleininhaber
der Firma Fried. Krupp)*

Arndt von Bohlen
und Halbach
1938–1986

∞ Therese Wilhelmi
1808   1790–1850

∞ Bertha Eichhoff   Friedrich Krupp
1853   1831–1888   1820–1901

∞ Margarethe Freiin
1882   von Ende
        1854–1931

∞ Gustav Krupp von   Barbara Krupp ∞ Tilo von Wilmowsky
1906   Bohlen und Halbach   1887–1972   1907   1878–1966
        1870–1950   (zwei Söhne und
        (sechs Söhne und   vier Töchter)
        zwei Töchter)

* Alfried Krupp von Bohlen und Halbach
bestimmte die Alfried Krupp von Bohlen
und Halbach-Stiftung testamentarisch zu
seiner Alleinerbin. Die Villa Hügel ist heute
Eigentum der Stiftung.

Anmerkungen

1   Heinrich von Treitschke, Der Sozialismus und seine
    Gönner, in: Ders., Aufsätze, Reden und Briefe, Bd. 4,
    hg. von Karl Martin Schiller, Meersburg 1929, S. 122–
    211, hier S. 137. [Zuerst erschienen unter dem Titel
    »Die soziale Frage und der preußische Staat«,
    in: Preußische Jahrbücher 34/1874].

2   Tilmann Buddensieg (Hg.), Villa Hügel. Das Wohnhaus
    Krupp in Essen, Berlin 1984, S. 12.

3   Zur Personalentwicklung vgl. FAH 21/456, 488, 636,
    641, 849, 878, 3043. Diese und alle weiteren Signa-
    turen beziehen sich, wo nicht anders angegeben,
    auf Unterlagen aus dem Historischen Archiv Krupp,
    Essen.

4   Vgl. Harold James, Krupp. Deutsche Legende und
    globales Unternehmen, München 2011, S. 8.

5   Nachdem das Haus im Zweiten Weltkrieg völlig zer-
    stört worden war, erfolgte 1961 ein originalgetreuer
    Nachbau. Das Stammhaus steht in unmittelbarer
    Nähe des heutigen thyssenkrupp-Quartiers in Essen.

6   James, Krupp, S. 40–44.

7   Renate Köhne-Lindenlaub, Die Villa Hügel. Unter-
    nehmerwohnsitz im Wandel der Zeit, Berlin, 8. Aufl.,
    Berlin, München 2022, S. 22.

8   Fritz Neumeyer, Der Zauberlehrling – Alfred Krupp
    und die Baugeschichte der Villa Hügel,
    in: Buddensieg, Villa Hügel, S. 32–89, hier S. 67.

9   Siehe z.B. Lucy Delap, Knowing Their Place. Domestic
    Service in Twentieth-Century Britain, Oxford 2011.
    Gunilla-Friederike Budde, Auf dem Weg ins Bürger-
    leben. Kindheit und Erziehung in deutschen und eng-
    lischen Bürgerfamilien 1840–1914, Göttingen 1994.
    Dorothee Wierling, Mädchen für alles. Arbeitsalltag
    und Lebensgeschichte städtischer Dienstmädchen
    um die Jahrhundertwende, Bonn 1987. Dagmar

Müller-Staats, Klagen über Dienstboten. Eine Untersuchung über Dienstboten und ihre Herrschaften, Frankfurt am Main 1987.

10 Zum Folgenden vgl. FAH 21/636.

11 Zum einen variierte der Personalstand über das Jahr hinweg, zum anderen dürfte die Hügelverwaltung nicht immer nach einheitlichen Kriterien gezählt haben. Vgl. für 1907 die Zahlen in FAH 21/456 und FAH 21/636.

12 Vgl. Knut Borchardt, Der Unternehmerhaushalt als Wirtschaftsbetrieb, in: Buddensieg (Hg.), Villa Hügel, S. 10–31, hier S. 14.

13 Vgl. die Personalstandszahlen zum 22.7.1902 und zum 1.2.1914, zusammengestellt in der Übersicht der zum 1.5.1919 auf dem Hügel beschäftigten Personen, in FAH 21/641.

14 Vgl. die »Übersicht über die am 1. Dezember 1927 auf dem Hügel beschäftigten Personen«, in FAH 21/456.

15 Vgl. Nachweisung über die Belegschaftsstärke auf dem Hügel, 30.4.1945, in FAH 21/878.

16 Vgl. zum Folgenden Michael Stürmer, Alltag und Fest auf dem Hügel, in: Buddensieg (Hg.), Villa Hügel, S. 256–273.

17 Hausordnung der Haushaltung Hügel, Jan. 1882, in FAH 21/643.

18 Interview von Golo Mann mit Charlotte von Trotha, 1977, Transkription in WA 8/232.

19 Hausordnung der Haushaltung Hügel, Jan. 1882, in FAH 21/643.

20 »Verwaltungs-Instruction für die Haus- und Gutsverwaltung auf Hügel«, 1.2.1877, in FAH 21/500.

21 Alfred Krupp an die Firma, 9.2.1867, zitiert nach Wilhelm Berdrow (Hg.), Alfred Krupps Briefe 1826–1887, Berlin 1928, S. 227.

22 Verwaltungs-Instruction, 1.2.1877, in FAH 21/500.

23 Wegeners Dienstvertrag, 5.8.1882, in WA 131/3345.

24 Verwaltungs-Instruction, 1.2.1877, in FAH 21/500.

25 Personalakte von Mathilde Graue, in FAH 21/1010.

26 Hausordnung der Haushaltung Hügel, Jan. 1882, in FAH 21/643.

27 Hermann Schuppener an Hermann Vaillant, 17.11.1949, in FAH 21/1017.

28 Zu Ludger Führkötter siehe FAH 21/105.

29 Friedrich Alfred Krupp an Franz Wegener, 27.7.1887, in FAH 21/105.

30 Zu Wilhelm Cardinal siehe FAH 21/678, 994, 3043.

31 Karl Bernsau an Wilhelm Cardinal, 29.8.1904 und 17.9.1904, in FAH 21/678.

32 Für das Folgende siehe auch Christa Hasselhorst, Der Park der Villa Hügel. 2. Aufl., Berlin, München 2017, S. 121 - 127.

33 Alfred Krupps »Hausregel für den Hügel« und seine Bestimmungen zum Zugang zum Hügel, 4.3.1873, in FAH 21/473.

34 Circular vom 14.9.1896, in FAH 21/ 473.

35 Vgl. das Circular vom 14.9.1896, das durch die »Grundsätze für den Verkehr im Park, den Gärten und sonstigen Einrichtungen« vom 16.5.1898 revidiert wurde. Dazu kamen die »Grundsätze f. d. Erteilung von Erlaubniskarten zum Besuche des Waldes«, 20.7.1898, und eine Mitteilung zur Nutzung der »Radelwege«, 1.8.1899. Vgl. FAH 21/473 und FAH 21/499.

36 Hausordnung der Haushaltung Hügel, Jan. 1882, in FAH 21/643.

37 Mitteilung der Hügelverwaltung, 14.11.1902, in FAH 21/643.

38 »Dienst-Instruction für den Laternenwärter auf dem Hügel«, 1.1.1907, in FAH 21/494.

39 Karl Bernsau an Carl Rudolph, 26.7.1923, in FAH 21/515.

40 Zit. n. Michael Stürmer: Alltag und Fest auf dem Hügel, in: Buddensieg (Hg.), Villa Hügel, S 256–274,
hier S. 260.

41 Vgl. die »Instruction betreffend die Telegraphenleitungen und Telegraphenapparate der Villa »Hügel«
des Herrn A. Krupp bei Essen, sowie die Bedienung
und Benutzung derselben«, in FAH 21/441. Aus-
führlicher dazu Axel Föhl, Die Villa als mechanische
Werkstatt. Technik und Technologie auf Hügel,
in: Buddensieg (Hg.), Villa Hügel, S. 190f.

42 »Instruction betreffend die Telegraphenleitungen ...«,
in FAH 21/441.

43 Reglement für das Stallpersonal, 31.7.1882,
in FAH 21/633.

44 FAH 21/440. Siehe auch Donald Pflitsch, Als die
Feuerwehr noch Telegramme zustellte. Zusammen-
stellung der Postgeschichte des »Amtes auf dem
Hügel« in Essen, in: Postgeschichte am Niederrhein,
Heft 1/82, S. 4–16.

45 »Dienstanweisung für den Führer der Hauspost auf
dem Hügel«, 25.11.1905, in FAH 21/633.

46 Vgl. Karl Bernsau an Friedrich Alfred Krupp, 6.9.1900,
in FAH 21/197.

47 Schreiben der Hügelverwaltung an Fried. Krupp AG,
4.3.1932, und die Bestimmungen für die Botenpost,
10.11.1938, in FAH 21/858.

48 Karl Bernsau an Hauptmann Walther, 23.10.1896,
in FAH 21/441.

49 Renisch (Betriebsführer des Elektizitätswerks) an die
Hügelverwaltung, 12.1.1907, in FAH 21/441.

50 Karl Bernsau an das Hügelbüro, 21.10.1905, in FAH
21/484.

51 Zum Weg der Depesche vgl. das Protokoll der Aus-
sagen, 12.3.1915, und Bernsaus Mitteilung an die
»Telegraphen-Hülfsstelle«, 12.3.1915, in FAH 21/444.

52 Erinnerungen von Alix Freiin von Kesling an die
Villa Hügel, 5.11.1910, in FAH 21/836.

53 Bericht von der Hochzeit ihres Neffen Tilo von

Wilmowsky und Barbara Krupp, 16.5.1907,
in FAH 4 F 516.

54 »Reglement für das Stallpersonal«, 31.7.1882,
in FAH 21/633.

55 Zu Wilhelm Köhler siehe FAH 21/58.

56 Zu Ludwig Albrecht siehe FAH 21/39.

57 Gustav Krupp an Major W. Willmer, 7.12.1913,
in FAH 21/1006.

58 Zu Leo Andres siehe FAH 21/20.

59 Hügelverwaltung an AG Benz & Cie in Mannheim,
10.2.1913, in FAH 21/20.

60 Zu Bernhard Lindemann siehe Bestand N 24.

61 Vgl. zur Forstverwaltung Michael Jung, Die Geschichte
des Krupp-Waldes [Diplomarbeit], Göttingen 1989.

62 Paul Kwasny an Karl Bernsau, 8.9.1919,
in FAH 21/1631.

63 Karl Bernsau an Oberstleutnant Perl, 17.9.1919,
in FAH 21/1631.

64 Vgl. Barbara Friedhofen, Ralf Stremmel, Manuela
Fellner-Feldhaus (Hg.), Krupp und Sayn. Eine Verbindung, die vor 150 Jahren begann, Neuwied 2015.

65 Zur Geschichte der Hügel-Gärtnerei vgl. Hasselhorst,
Park; Dorothee Nehring, Der Park der Villa Hügel und
seine Bauten. Anlage und Funktion, in: Buddensieg
(Hg.), Villa Hügel, S. 330–383.

66 Zu Friedrich Bete siehe FAH 21/134.

67 Zu Friedrich Veerhoff siehe FAH 21/4.

68 Bertha Krupp an Marie Bange, 6.2.1914,
in FAH 21/644.

69 Bertha Krupp an Lina Blume, 5.3.1914, in FAH 21/644.

70 Zu Margarethe Brandt vgl. FAH 21/80. Klaus Tenfelde,
»Krupp bleibt doch Krupp«. Ein Jahrhundertfest: Das
Jubiläum der Firma Fried. Krupp AG in Essen, Essen
2005, S. 51.

71   Bertha Krupp an eine »Frau Gräfin«, 8.3.1929,
      in FAH 21/194.

72   Bertha Krupp an Emma Ische, 6.3.1929, in FAH 21/670.

73   Zur Bibliothek vgl. Thomas Kempf, Die Bibliothek der
      Villa Hügel, Münster 2023. Zu den Sammlungen vgl.
      Köhne-Lindenlaub, Villa Hügel, S. 92–95. Zu Krupps
      naturwissenschaftlichen Interessen vgl. Heinz-Dieter
      Franke, Friedrich Alfred Krupp und die Naturwissen-
      schaften, in: Michael Epkenhans, Ralf Stremmel (Hg.),
      Friedrich Alfred Krupp. Ein Unternehmer im Kaiser-
      reich, München 2010, S. 131–156.

74   Vgl. Walter Borgers, Krupp und der Sport.
      Anmerkungen zu Sport und Sportförderung der
      Familie und des Unternehmens, Dortmund [1988].

75   Dienstanweisung für die Bootshauswärter auf dem
      Hügel, 1.3.1907, in FAH 21/609.

76   Inklusive der Wohnungen an der Ruhr und in der
      Siedlung Brandenbusch, berechnet nach Angaben
      in FAH 21/636.

77   »Gutachten über die Friedensmietwerte der Werks-
      wohnungen der Krupp von Bohlen und Halbachschen
      Verwaltung auf dem Hügel bei Essen«, 1.10.1925,
      in FAH 21/284.

78   Karl Bernsau an Herrn Schwarz, 6.3.1897, in FAH 21/278.

79   »Miethebestimmungen und Hausordnung für die
      Wohnungen der F.A. Krupp'schen Verwaltung auf
      dem Hügel«, 10.8.1895, in FAH 21/278.

80   Bekanntmachung Friedrich Alfred Krupps, 16.4.1897,
      in FAH 21/278.

81   Frau Vinariczky an Karl Bernsau, 2.3.1898,
      in FAH 21/473.

82   »Verzeichnis der von Pensionären, Witwen und
      Entlassenen genutzten Wohnungen a.d. Hügel«,
      Stand Dezember 1927, in FAH 21/771.

83   Bekanntmachung der Hügelverwaltung, 22.3.1890,
      in FAH 21/469.

84   So Hausmeister Fritz Dormann, 20.3.1942,
      in FAH 21/893.

85 Vgl. eine Notiz der Hügelverwaltung für Gustav
    Krupp, 22.10.1925, in FAH 21/488.

86 Vgl. Dienststundenregelung ab 1.9.1944,
    in FAH 21/938.

87 Vgl. die Regel zur »Benutzung der Schlittschuhteiche
    auf dem Hügel«, in FAH 21/473.

88 Dies und das Folgende aus den Erinnerungen der
    Köchin Katharina Fierenkothen, in FAH 21/838.

89 Vgl. beipielsweise Kurt Bernsau an Rudolf Korn,
    5.4.1898, in FAH 21/641. Siehe außerdem FAH 21/643.

90 Vgl. Gerd Hohorst, Jürgen Kocka, Gerhard A. Ritter
    (Hg.), Sozialgeschichtliches Arbeitsbuch, Bd. 2,
    Materialien zur Statistik des Kaiserreichs 1870–1914,
    2. Aufl., München 1978, S. 107.

91 Vgl. Heinrich Vielhabers zustimmenden Kommentar,
    4.3.1919, und Gustav Krupps handschriftlichen
    Entwurf, Januar 1920, in FAH 21/660.

92 Angestelltenausschuss der Verwaltung Hügel an
    Gustav Krupp, 3.1.1920, in FAH 21/660.

93 Vereinbarung zwischen Gustav Krupp und Karl
    Bernsau, 16.1.1923, in FAH 21/27.

94 Dazu kamen ein Urlaubsgeschenk in Höhe von
    500 Mark und 300 Mark als Weihnachtsgabe.
    Vgl. die Aufstellung vom 30.1.1920, in FAH 21/34.

95 Vgl. Namensliste zum Gehaltsabbau ab 1. April 1932,
    in FAH 21/3043.

96 Aktennotiz von Ernst Lintz, 14.11.1932,
    in FAH 21/3043.

97 Valentin Kirschner an Gustav Krupp, Juni 1936,
    in FAH 21/3043. Vgl. dort auch das Schreiben von
    Max Ihn an Ernst Lintz, 26.6.1936.

98 Zu Margarethe Brandt vgl. FAH 21/80 und FAH 3 G 2.

99 Zu Charlotte von Trotha vgl. FAH 21/135 und das
    Interview von Golo Mann mit ihr, 1977, Transkription
    in WA 8/232.

100 Interview von Golo Mann mit Charlotte von Trotha, 1977, Transkription in WA 8/232.

101 Zu Maria Garschagen vgl. FAH 21/196, 771, 3482.

102 »Vorschläge für Auszeichnungen anläßlich der Vermählungsfeier des Herrn Legationsrath Gustav von Bohlen und Halbach mit Fräulein Bertha Krupp auf dem Hügel am 15. Oktober 1906«, in FAH 21/3482.

103 Vgl. dazu Listen in FAH 3 G 2.

104 Vgl. dazu Ralf Stremmel, Friedrich Alfred Krupp: Handeln und Selbstverständnis eines Unternehmers, in: Epkenhans/Stremmel (Hg.), Friedrich Alfred Krupp, S. 27–75.

105 Gustav Krupp an Karl Bernsau, 17.10.1914, in FAH 21/487.

106 Interview von Golo Mann mit Charlotte von Trotha, 1977, Transkription in WA 8/232.

107 Hanni Lintz an Bertha und Gustav Krupp, 2.10.1938, in FAH 21/687.

108 »Geschäftsgang bei der Erledigung der an Frau Geheimrath Krupp gelangenden Unterstützungsgesuche«, um 1905, in FAH 21/468.

109 Sophie Dworzaczek an Bertha Krupp, 29.11.1938, in FAH 21/137.

110 Vgl. zum Unfall FAH 21/20, 855, FAH 23/741.

111 Gustav Krupp an Auguste Andres, 17.11.1926, in FAH 21/20.

112 Diagnose von Dr. Lekisch, 12.5.1918, in FAH 21/1013.

113 Notiz Karl Bernsau, 2.7.1897, in FAH 21/820.

114 Ebenda.

115 Karl Bernsau an Friedrich Alfred Krupp, 28.3.1901, in FAH 21/95.

116 Ebenda.

117 Karl Bernsau an Theodor Herms, 15.6.1899, in FAH 21/95.

118 Karl Bernsau an Margarethe Krupp, 24.2.1905,
in FAH 21/95.

119 Karl Bernsaus »Circular«, 14.1.1899, in FAH 21/478.

120 Memorandum Dr. Pahl, 25.1.1901, in FAH 21/127.

121 Martha Poetzsch an Margarethe Krupp, 27.9.1907,
in FAH 21/478.

122 Karl Bernsau an Margarethe Krupp, 18.10.1907,
und Martha Poetzsch an Karl Bernsau, 29.10.1907,
in FAH 21/478.

123 Karl Bernsau an Ernst Haux, 19.10.1904,
in FAH 21/633.

124 Bertha Krupp an Karl Bernsau, 26.9.1926,
in FAH 21/820.

125 Karl Bernsau, Protokoll zu einer Besprechung über
die Einsparung von Heizungskosten, 5.11.1920,
in FAH 21/474.

126 Alfred Krupp an Wilhelm Köhler, 26.11.1882,
in FAH 21/58.

127 Vgl. Erinnerungen des Gärtners Franz Holzapfel,
in FAH 21/5107.

128 Friedrich Alfred Krupp an Franz Wegener, 25.7.1894,
in WA 131/3345.

129 Dienstvertrag Wilhelm Köhler mit Alfred Krupp,
16.7.1882, in FAH 21/58.

130 Dienstvertrag Ludwig Albrecht mit Friedrich Alfred
Krupp, 23.3.1896, in FAH 21/39.

131 Dienstvertrag Franz Wegeners, 5.8.1882,
in WA 131/3345.

132 Friedrich Alfred Krupp an Franz Wegener, 25.7.1894,
in WA 131/3345.

133 Gesprächsprotokoll, aufgezeichnet durch Karl
Bernsau, 24.4.1896, in FAH 21/134.

134 Friedrich Bete an Karl Bernsau, 25.4.1896,
in FAH 21/134.

135 Erinnerungen des Gärtners Franz Holzapfel, in FAH 21/5107.

136 Schreiben Friedrich Veerhoffs an die Verwaltung Hügel, 24.1.1934, in FAH 21/820.

137 Die folgenden Beispiele finden sich in FAH 21/18, 457, 645, 673, 1016, 1017.

138 »Bericht über die Dienstwidrigkeiten bei der Postbestellung auf dem Hügel«, 1.3.1911, in FAH 21/440.

139 Ernst Lintz an Gustav Krupp, 18.1.1929, in FAH 21/1322.

140 Unterzeichnet war das Schreiben vom 7.11.1946 mit »Der Betriebssprecher«, in FAH 21/839.

141 Vgl. den Entscheid der Hauptfürsorgestelle für Kriegsgeschädigte und Kriegshinterbliebene der Rheinprovinz in Düsseldorf, 22.2.1927, und den Widerspruch von Ernst Lintz, 28.2.1927, in FAH 21/525.

142 Vgl. Ernst Lintz an Ernst Tietz, 20.10.1927, und Schreiben an den Leiter des Arbeitsamtes, 3.3.1942, beide in FAH 21/1018.

143 Zahlen nach FAH 21/536 und 540.

144 Vgl. Anordnung des Generalbevollmächtigten für den Arbeitseinsatz, 8.9.1943, in FAH 21/540. Löhne von zwei »Ostarbeiterinnen« 1942 in FAH 21/820. Vergleichslöhne für deutsche Beschäftigte in FAH 21/893.

145 Flugblatt des Oberkommandos der Wehrmacht, Juli 1940, in FAH 21/540.

146 Rundschreiben Fried. Krupp AG, 13.3.1942, in FAH 21/540.

147 Vgl. Rundschreiben von Curt Unger, 1.10.1941, in FAH 21/858 (französische Kriegsgefangene hatten beim Einkauf entgegen der Anordnung deutsches Geld zurückerhalten). Vgl. auch Knut Bergmann, Krupps kulinarische Kommunikation. Menükarten vom Kaiserreich bis in die Bundesrepublik, Münster 2023.

148   Zitiert nach Konrad Huschke: Ernst und Agnes
       Haeckel. Ein Briefwechsel, Jena 1950, S. 192.

149   Interview von Golo Mann mit Charlotte von Trotha,
       1977, Transkription in WA 8/232. Vgl. auch
       Bergmann, Krupps kulinarische Kommunikation.

150   Notiz von Alfred Krupp, undatiert, in WA 7 c 103.

151   Thorstein Veblen, Theorie der feinen Leute. Eine öko-
       nomische Untersuchung der Institutionen, Frankfurt
       am Main 1986, S. 52; außerdem S. 71–78 u. 87–89.

152   Anordnung vom 24.8.1887, in FAH 3 B 83.

153   Erinnerungen von Alix Freiin von Kesling, 1910,
       in FAH 21/836.

154   Hedwig von Berg, Bericht über die Hochzeit von
       Barbara Krupp und Tilo von Wilmowsky, 1907,
       in FAH 4 F 516.

155   Friedrich von Bülow an Oberkontrolleur Schiller,
       1.6.1912, in FAH 4 A 17. Vgl. auch Tenfelde, »Krupp
       bleibt ...«.

156   Notizen von Theodor Herms, 1906, in FAH 4 F 515.

157   Küchenzettel für den Personaltisch am 15.10.1906,
       in FAH 4 F 515.

158   Notizen von Theodor Herms, 1906, in FAH 4 F 515.

159   Hügelverwaltung an Daimler-Motoren-Gesellschaft,
       20.3.1912, in FAH 21/390.

160   Friedrich von Bülow an Gustav Krupp, 27.6.1929,
       in FAH 4 C 124.

161   Vgl. »Verzeichnis der Persönlichkeiten von Bedeutung,
       die in der Zeit von Oktober 1906 bis Oktober 1943 auf
       dem Hügel als Gäste weilten«, in FAH 4 E 23.

162   Vgl. Gästebuch, Band 2 für den Zeitraum 1.11.1906
       bis 27.10.1912, in FAH 4 B 24; Fremdenbuch, Band 2
       für den Zeitraum 2.1.1928 bis 25.8.1934, in FAH 4 E
       1259.

163   Interview von Golo Mann mit Charlotte von Trotha,
       1977, Transkription in WA 8/232.

164   Hügelverwaltung an AG Benz & Cie in Mannheim,
      10.2.1913, in FAH 21/20.

165   Karl Bernsau an Gustav Krupp, 5.1.1914,
      in FAH 21/1006.

166   Hügelverwaltung an Friedrich Brunner, 2.3.1914,
      in FAH 21/1006.

167   Erinnerungen von Alix Freiin von Kesling, 1910,
      in FAH 21/836.

168   Hausordnung der Haushaltung Hügel, Jan. 1882,
      in FAH 21/643.

169   Anordnung Friedrich Alfred Krupps, 2.10.1887,
      in FAH 3 B 83.

170   Friedrich Alfred Krupp an Arthur Tautz, 20.3.1898,
      in FAH 21/633.

171   Karl Bernsau an Hauptmann Walther, 30.11.1896,
      in FAH 21/440.

172   Karl Bernsau an Funcke & Brüninghaus, 14.12.1896,
      in FAH 21/440.

173   Bertha Krupp an Charlotte von Trotha, 9.8.1918,
      in FAH 21/135.

174   Gustav Krupp an Lutz Eggert, 6.3.1929, in FAH 21/75.

175   Notiz laut telefonischer Mitteilung von Fritz
      Dormann, 16.3.1934, in FAH 21/558.

176   Interview von Golo Mann mit Charlotte von Trotha,
      1977, Transkription in WA 8/232.

177   Eugen Börner an Bertha Krupp zum Dank für ein
      Geldgeschenk zu seinem 75. Geburtstag, 12.3.1957,
      in FAH 21/1005.

178   Erinnerungen des Gärtners Franz Holzapfel,
      in FAH 21/5107 bis 5110.

179   Erinnerungen der Köchin Katharina Fierenkothen,
      in FAH 21/838.

Quellen- und Literaturnachweis

1. Quellen

Die hier herangezogenen schriftlichen Quellen stammen sämtlich aus dem Historischen Archiv Krupp in Essen. Von Relevanz war insbesondere die Bestandsgruppe FAH (Familien-Archiv Hügel) und dabei vorrangig der Bestand FAH 21 (Verwaltung Hügel) mit insgesamt rund 4.000 Akten. Daneben wurden die Bestände FAH 2 (Sekretariat Alfred Krupp), FAH 3 bzw. 22 (Sekretariat Friedrich Alfred und Margarethe Krupp) und FAH 4 bzw. 23 (Sekretariat Gustav und Bertha Krupp von Bohlen und Halbach) benutzt. Fallweise zurückgegriffen wurde auf Archivalien aus den Beständen der Gruppe WA (Werks-Archiv). Zu erwähnen ist speziell der Bestand WA 8 (Erinnerungen von Krupp-Beschäftigten).

Die abgedruckten Fotografien stammen ebenfalls mit einer Ausnahme (S. 87/Fraas) aus dem Historischen Archiv Krupp. Es handelt sich jedoch um mehrere Gruppen von Bildautoren:

a) Krupp-Werksfotografen. Bereits Alfred Krupp ließ in den 1860er-Jahren seine Wohnhäuser von seinem Werksfotografen Hugo van Werden fotografieren. Später dokumentierten Fotos den Bau der Villa Hügel. 1883 entstand eine erste Bildserie der Villa Hügel mit Innen- und Außenaufnahmen, der Nebengebäude und der Parkanlage. Auch die Umbauarbeiten 1914 sind ausführlich fotografiert worden. Werksfotografen waren auch zuständig für Gruppenaufnahmen der Besucher.

b) professionelle externe Fotografen. Von diesen Auftragsarbeiten sind vor allem die Mappenwerke »Hügel« und »Stall« erwähnenswert, die um 1900 von Hermann Rückwardt in einer Auflage von 300 Stück hergestellt wurden (insgesamt 142 Aufnahmen). Porträtaufnahmen der Familie Krupp entstanden in aller Regel bei renommierten Fotoateliers.

c) Amateuraufnahmen von Mitgliedern und Bekannten der Familie Krupp, einsortiert in private Fotoalben. Bereits 1891 begannen Margarethe Krupp und ihre Gesellschafterin Margarethe Brandt mit der Dokumentation von Familienereignissen.

d) anonyme Amateuraufnahmen, die großteils aus Nachlässen von Beschäftigten des Hügels stammen.

All diese Fotografien sind zeitgenössisch nur selten mit den Namen der abgebildeten Beschäftigten versehen worden. Soweit möglich ist für dieses Buch versucht worden, die Personen zu identifizieren. Häufiger werden Ausschnitte abgedruckt, um die Bediensteten besser hervorzuheben.

2. Auswahlbibliografie

Alfried Krupp von Bohlen und Halbach-Stiftung (Hg.), Krupp. Fotografien aus zwei Jahrhunderten, Berlin, München 2011.

Uta Appelbaum, Privilegierter Werkswohnungsbau. Geschichte der Kruppschen Siedlung »Am Brandenbusch« 1895–1930 [Magisterarbeit], Bochum 2005.

Wilhelm Berdrow (Hg.), Alfred Krupps Briefe, Berlin 1928.

Knut Bergmann, Krupps kulinarische Kommunikation. Menükarten vom Kaiserreich bis in die Bundesrepublik, Münster 2023.

Walter Borgers, Krupp und der Sport. Anmerkungen zu Sport und Sportförderung der Familie und des Unternehmens, Dortmund 1988.

Gunilla-Friederike Budde, Auf dem Weg ins Bürgerleben. Kindheit und Erziehung in deutschen und englischen Bürgerfamilien 1840–1914, Göttingen 1994.

Tilmann Buddensieg (Hg.), Villa Hügel. Das Wohnhaus Krupp in Essen, Berlin 1984, 2. Aufl., Berlin 2001.

Lucy Delap, Knowing Their Place. Domestic Service in Twentieth-Century Britain, Oxford 2011.

Simone Derix, Zwischen Meritokratie und Heritokratie. Reiche Familien und große Vermögen in der Moderne, in: Zeiträume. Potsdamer Almanach (2014), S. 32–42.

Martin Doerry, Übergangsmenschen. Die Mentalität der Wilhelminer und die Krise des Kaiserreichs, Weinheim, München 1896.

Christiane Eisenberg, »English Sports« und deutsche Bürger. Eine Gesellschaftsgeschichte 1800–1939, Paderborn u.a. 1999.

Michael Epkenhans, Ralf Stremmel (Hg.), Friedrich Alfred Krupp. Ein Unternehmer im Kaiserreich, München 2010.

Barbara Friedhofen, Ralf Stremmel, Manuela Fellner-Feldhaus (Hg.), Krupp und Sayn. Eine Verbindung, die vor 150 Jahren begann, Neuwied 2015.

Lothar Gall, Krupp. Der Aufstieg eines Industrie-imperiums, Berlin 2000.

Lothar Gall (Hg.), Krupp im 20. Jahrhundert. Die Geschichte des Unternehmens vom Ersten Weltkrieg bis zur Gründung der Stiftung, Berlin 2002.

Christa Hasselhorst, Der Park der Villa Hügel. Mit Fotos von Ursel Borstell, 2. Aufl., Berlin, München 2017.

Harold James, Krupp. Deutsche Legende und globales Unternehmen, München 2011.

Michael Jung, Die Geschichte des Krupp-Waldes [Diplomarbeit], Göttingen 1989.

Thomas Kempf, Die Bibliothek der Villa Hügel, Münster 2023.

Jürgen Kocka, Arbeiterbewegung in der Bürgerge-sellschaft. Überlegungen zum deutschen Fall, in: Geschichte und Gesellschaft 20 (1994), S. 487–496.

Renate Köhne-Lindenlaub, Private Kunstförderung im Kaiserreich am Beispiel Krupp, in: Ekkehard Mai, Hans Pohl, Stephan Waetzholdt, (Hg.), Kunstpolitik und Kunstförderung im Kaiserreich. Kunst im Wandel der Sozial- und Wirtschaftsgeschichte, Berlin 1982, S. 55–82.

Renate Köhne-Lindenlaub, Die Villa Hügel. Unter-nehmerwohnsitz im Wandel der Zeit, 8. überarb. Aufl., München 2022.

Kommunalverband Ruhrgebiet (Hg.), Krupp und die Stadt Essen, 2. überarb. Aufl., Essen 2015.

James Leggott, Julie Anne Taddeo (Hg.), Upstairs and